微笑みをつないで

教会と共に90年

鵜飼栄子◉著
梅津順一・梅津裕美◉聞き手

教文館

著者近影、撮影 横山良一（2018 年）

左：銀座教会にて。夫の鵜飼勇と
右：銀座教会就任パーティーへ出席。
　　夫、長女の恵子と（1956年）
下：長男の眞一家、次女の道子と（2015年）

感謝の言葉

このたび、教会と共に歩んだ九〇年の足跡を辿ることとなり、両親、兄姉、教会員に愛された歩みを省みて感謝で一杯です。

私は、一九二八年（昭和三年）六月三日、大森の牧師館で岩村家の次女として生まれました。ちょうど日曜日、それも「花の日」の朝でした。兄が時計を見たら八時一五分を指していたそうです。その落ち着いた東京郊外の教会と牧師館で私は成長しました。やがて戦争という激動の時代をくぐりぬけ、戦後の自由な青春時代を味わい、そして生涯の伴侶を示されて牧師鵜飼勇と結婚しました。共に銀座教会に仕えた日々には、語り切れないほど多くの思い出があります。

何よりも、どんなに苦しいときも辛いときも、主を仰がせて讃美の歌を下さった神に感謝いたします。その主の恵みを絶えず御言葉を通して教えて下さった教職の方々と、その主の恵みを折に触れて喜び合った兄弟姉妹に心から感謝します。さらに、夫亡きあとも銀座教会にてお導き下さいました長山信夫牧師、その後を継いでお導き下さっている髙橋潤牧師に心からの敬意と感謝を申し上げます。

多くの思い出を機会あるごとに身近な方々に語って参りましたが、このたびそれを書き記して、困難の中で日本の伝道に励む多くの方々と広く分かち合うことをお勧めいただきました。限られた個人の経験から語ったものですが、これから日本の伝道を担うみなさまに少しでも励ましになれば幸いに存じます。

この本の編集にあたり、青山学院第一四代院長梅津順一先生と奥さま梅津裕美牧師の限りない御支援をいただき心より感謝申し上げます。ご夫妻のインタビューにお答えして、思い出をひとつひとつひも解きながら、この一冊にまとめていただきました。ずいぶん昔の記憶をたどったところも多く、幾度も確かめ合いましたが、どこかに私の記憶違いなどございましたらご容赦下さい。

本の表紙は、銀座教会信徒の土橋恵子姉が私をモデルに描いた「主を賛美する婦人像」を使わせていただきました。

また、出版にあたっては、夫鵜飼勇と親交の深かった教文館社長渡部満氏のご支援をいただきました。心より感謝申し上げます。

在天の鵜飼勇と共に　鵜飼栄子

目次

装丁　熊谷博人
装画　土橋恵子

第一章　教会に生まれて

――鵜飼栄子さんは、牧師の家庭に生まれて教会で育まれ、キリスト教学校で学ばれました。そして牧師の鵜飼勇先生と結婚され、文字通り、教会と共に人生を歩んでこられました。ご夫婦で日本を代表する銀座教会にお仕えになり、教団紛争の大変なときもお二人で切り抜けてこられたと伺っています。二〇〇六年に鵜飼勇先生（銀座教会名誉牧師）が召天された後も、今なお大勢の方々から「栄子夫人」「栄子夫人」と親しまれ、後進の伝道者やその家族が励まされています。これまでの歩みをこれから日本の教会を担っていく方々にも伝えたいと願って、この本をまとめたいと思います。

はじめにご自分の生い立ちから自由に語っていただけますでしょうか。栄子さんは、由緒ある牧師の家庭にお生まれになりました。ご両親のことからお話しいただけますか。

父方、母方

鵜飼　父方には、木村清松《きむらせいまつ》というエバンジェリスト（大衆伝道者）がいます。父はその弟です。父の名前は清四郎《せいしろう》で明治二二年生まれです。

母方は、母の両親が霊南坂教会の牧師小崎弘道《こざきひろみち》と千代《ちよ》で、母は長女です。母の名前は安子《やすこ》で明治二六年生まれです。霊南坂教会にとっぷりつかって、幸せに過ごしました。

母は、教会に隣接するホテルオークラ近くの鞆絵《ともえ》小学校、そして女子学院に進学しました。当時の女子学院は宣教師が何十人もいるような学校で、国際基督教大学（ＩＣＵ）のような雰囲気を持っていました。授業は英語で進められて、午前中は英語、午後は日本語で学びました。その中から著名な方々のご夫人になる女性たちが育っていきました。母は、同窓会「克己会《こつきかい》」の会長をずっと務めていて、女子学院をとても誇りに思っていました。

母は当時の英語教育を振り返って、授業はGood morningから始まり、きれいな発音で言わないとやり直しさせられたとよく言っていました。優秀な生徒が多かったようです。母は幼児教育を勉強したいという気持ちがあり、卒業後に東京女子高等師範学校（現在のお茶の水女子大学）に進み、幼児教育の勉強をしました。そして東京音楽学校（現在の東京藝術大学）のオルガン科へ進みました。霊南坂教会で母の父小崎弘道が説教するときに、母はオルガンを弾いていたようです。

なぜ私の父と母が結婚したかというと、父の兄の木村清松の紹介です。父は木村清松に導かれてクリスチャンになり同志社大学に進学しました。そして同志社大学神学部在学中に、霊南坂教会では木村清松がすでにエバンジェリストで伝道していたようで、それで讃美歌指導のために弟を紹介したようです。当時、日本の教会では讃美歌があまり知られていなかっため、同志社グリークラブのリーダーをしていた父は、その経験を生かして礼拝の前に讃美歌指導を担当することになりました。

　木村清松に呼ばれて父は霊南坂教会の伝道集会を盛んにし、説教の前に讃美歌を四つ、五つ指導していました。それが、小崎の祖母（小崎千代）のお眼鏡に適い、「できたら霊南坂教会で伝道してほしいし、安子を嫁にもらってもらえないか」ということになりました。昔の人なのに祖母は積極的でした。

　父は同志社で学んだ後にアメリカのハートフォードとアンドバー・ニュートンで三年間勉強することになりましたが、当時留学のための費用が全く用意できませんでした。小崎弘道と千代は清四郎に「安子と婚約したら、私たちも協力させて下さい」という申し出をして、木村姓だった父は養子縁組みをし、小崎千代の実家の岩村姓となりました。そういった経緯で、名前が「岩村清四郎」となりました。父が留学したときには、すでに岩村の姓だったかと思います。

　留学から帰国して数か月で結婚となり、霊南坂教会の副牧師になりました。その頃伯父の小崎道雄（小崎弘道の長男で、後の霊南坂教会牧師）はイェール大学に留学していて不在でした。その留守の間、岩村清四郎が小崎弘道を支え、副牧師として働きました。父は声は大きいし、幼稚園教育は活発にするしで大変熱心に伝道をして、小崎家は大変喜んでいました。母も幼児教育やオルガンなどさまざまな分野の勉強をして、胸を膨らませて霊南坂教会をしっかり支えていました。霊南坂教会で一〇年伝道をし、日曜学校の生徒が四〇〇人も来たと言っていました。若き岩村清四郎が張り切った時代です。その勢いを持って、当時東京の郊外だった大森で開拓伝道を始めます。

五番目の子として誕生

鵜飼　父は昭和の初め頃に大森の地（現在の東京都大田区）で大森めぐみ教会の開拓伝道を始めました。

両親は大正五年（一九一六年）に、クリスチャンホームを作っています。そういう家庭に育ち、長男の恵一、次男の信二《しんじ》、長女の純子、三男の洋三がいて、私は末っ子でした。

大森の新井宿《あらいじゅく》という地に家を見つけて、教会と幼稚園を始めるという矢先に、長男の恵一《けいいち》が亡くなりました。恵一が小学校の四年生の時にどなたかと一緒に遊びに行ってバナナを食べて、食中毒から疫痢になってしまい、二晩か三晩のうちに亡くなってしまいました。教育者として、そして伝道者としてこの土地で新しく始めようと思っていた父と母のすさまじい悲しみは、言葉にならなかったようです。そのとき、信二、純子、洋三はいましたが、私はまだ生まれていませんでした。

母は小崎の母（千代）から、「一〇歳までこんなかわいい男の子をいただいたことを神さまに、感謝しなさい。神さまは何も悪いことはなさっていない。あなたは一〇歳までいい男の子を育てさせていただいたことを感謝して、他の子どもたちが三人もいるんだから頑張りなさい」と言われたことが骨身に染みたようです。

そして私が生まれてからも、一番上の兄が亡くなったことを一切言いませんでした。そうやって悲しみを越えたということでしょう。そういう越え方もあるのだなと思います。その後三人が育ち、次男の信二が八歳のとき、私が生まれました。

父の家訓

鵜飼　母は和裁が大好きだったので、お正月になると皆着物を着せられました。父の教育が非常に徹底しており、お正月に訓話がありました。そこで父は「男の子は牧師になるように、そして女の子は牧師夫人になるように、それ以外の立場になった者は、牧師の家族を支えることを大事にしなさい」と言っていました。これがわが家の家訓でした。

父は一本気な人ですから、兄の信二が牧師になるように励ましていましたね。おかげさまで信二は頭がよかったので、青山学院の中学部（当時）をずっと一番の成績で通っていました。都立高等学校（旧制高等学校）に入り、それから東京大学の哲学科に入って、その後、牧師になりました。兄としても、牧師となることは父と母との願いだし、小崎、岩村、木村という伝道者の流れを汲んでいることもよく理解して「誰かがこれを継がなくてはならないなら僕がやる」と決心したようでした。

信二が東京大学に在学中に、戦争が始まりました。兄が学徒出陣で陸軍に入隊したのが昭和一八年（一九四三年）のことです。昭和二〇年（一九四五年）に戦地から帰ってきたときは、兄はまだ東京大学に籍があったため復学して卒業しました。それからアメリカのハートフォード神学校へ留学し、牧師になりました。そういうわけで兄の信二が父の後を継ぎました。姉の純子は、昭和一八年に早々と牧師と結婚しました。

三男の洋三は医者になりました。息子が医者になると言えば、普通は「良かった。親父も鼻高々だな」と言うのかもしれませんが、岩村の家では小さい顔して「牧師にならずに、医者になってもよいでしょうか」という聞き方をしなくてはいけません。兄が父に一生懸命にたずねたところ、父が「仕方がないな」と言ったようです（笑）。

ピアノへの夢

鵜飼　私は大森めぐみ教会の牧師館で生まれたため、霊南坂教会でのことは何も知らずに、開拓伝道の地で育ちました。父も母も「勉強しなさい」とは何も言わない人で、とても自由主義でした。そんな中すくすくと育ちました。教会もどんどん盛んになり、礼拝の出席者も三〇人から五〇人ぐらいに増えていきました。

そのうちに、小学校の先生から薦められて、私は東京音楽学校（現在の東京藝術大学）の付属「上野児童音楽学園―尋常小学科」に入学しました。鈴木メソッドのバイオリン教室よりも前にあった音楽教室です。昭和八年（一九三三年）から一九年（一九四四年）までの間、東京音楽学校の著名な先生が中心になって指導された学校です。私はその頃からピアノがとても好きだったものですから、昭和一二年（一九三七年）に入学試験を受けました。小学校二年生のときで、バイエルから一曲、それから「こいのぼり」という歌を練習して受験しました。五人ぐらい先生方が怖い顔をして座っている中で弾きました。

そして合格し、週二回水曜と土曜の放課後に児童学園に通いました。もちろん小学校にも通っていますから、二時三〇分ぐらいになると、すぐに小使い室に飛んでいき、楽譜の入った赤いカバンと取り換えて、大森駅までバスで、大森から上野まで電車で、そして、上野公園を突っ走って今の藝大があるところまで通っていました。小一時間かかったと思います。

三時半から五時半の授業だったと記憶しています。最初の一時間は、四人一組のグループでピアノの授業でした。一学年に六〇人の生徒がいて、三学年あわせて一八〇人で、大勢の子どもたちが集まっていました。入学するなりモーツァルトやベートーベンの曲に取り組みました。私も小学校三年生のときにはモーツァルトを弾きました。早期英才教育を受けた人も多く、よく勉強していました。

四人のグループでは、ピアノを三上とみ先生に習いました。それから次の一時間は声楽で橋本秀次先生、体のがっちりした芸大出身の有名な方ですね。その方に声楽を教えていただきました。三年間通って、二年目と三年目には楽典の勉強がありました。小学四年生の頃にシャープやフラット、絶対音を勉強していました。

小学校五年の終わりにはベートーベンのソナタ九番を弾きました。よい時代を過ごしました。今でもピアノが好きですね。難しい曲でも、よしやってみようという気持ちが沸いてくるのはあの児童学園での熱心な教育があったからかもしれません。

めぐみ女学園へ

鵜飼　その頃、教会幼稚園も盛んになっていました。父はアメリカ留学中に宗教教育を学んで、東洋英和の保育科で教鞭をとるほどフレーベル教育を取り入れて熱心に実践した人ですから、四月の入園式のときにはすぐ定員になりました。今でもめぐみ幼稚園はご近所に大変評判がよく、そういう教育をずっと続けてくることができました。

教会幼稚園が盛んになった頃、大東学園《だいとうがくえん》を始めていた守屋東《もりやあずま》さんにすすめられて、「めぐみ女学園」という学校が創立されます。

――守屋東さんは、女性の社会活動家の方ですね。

鵜飼　そうです。彼女が父に「岩村先生、幼児教育はもう十分でしょう。とてもしっかりやってらっしゃいます。これから先は女の子をしっかり育てる、女子教育が大事です。女学校をお始めになりませんか」と言われました。その考えに父はすっかり共鳴し、「よい母親を育てることが一番日本の国のためになるし、信仰の世界でもきっとよいようになるだろう」と考えて、めぐみ女学園を昭和一四年（一九三九年）に始めました。

その頃、私は小学校卒業が近づいていたので、中学は女子学院か青山学院に行きたいと考えていました。元気がよい子どもでしたから、めぐみ女学園のような小さな学校よりも、もっと大きな学校に進みたいと思っていました。すると父から一言、「栄子はめぐみ女学園だね」と頭ごなしに言われてしまいました（笑）。父としては「めぐみ女学園でよそのお子さまを預かって教育しながら、自分の娘は青山学院でございます、女子学院でございます、ではいけないだろう」ということでした。

そして、めぐみ女学園が始まって三年目に、私も入学することになりました。一回生が五人、二回生が九人、三回生が一四人いました。その三回生の一四人の中の一人として入学したのが昭和一六年（一九四一年）です。入学したその年は戦争の始まる年で全国でさまざまなことが始まっていくときでしたが、私にとってはめぐみ女学園入学の年でした。それから昭和一九年（一九四三年）までめぐみ女学園で学びます。

母が東京女子高等師範学校（現在のお茶の水女子大学）と関係があったこともあり、めぐみ女学園には、物理、英語、数学の先生は、お茶の水出身の方が四人ほど来て下さって、充実していました。それから東京女子大学出身の先生もみえて、とてもよい教育をしていました。また、父は障がいのある子どもを積極的にめぐみ女学園に受け入れていました。たとえば一四人のクラスで、そのうち五人は、先生方の説明で勉強がよくできるんです。ところが別の五人は、分数が全然理解できなくて、授業中にふらふらと歩き出し、お手洗いで大騒ぎになるなど色々な苦労がありました。それでも、父は「そういうことを知ることが大事だ。賢い子どもばかりいる学校にいるのではない」と言っていました。父のその教育方針が喜ばれて、障がいのある子どもを入学させた親御さんたちは、「めぐみ女学園のおかげで、子どもがなんとか卒業できました」と喜んでいらっしゃいました。

――栄子さんは青山学院を卒業されて、当時のエリート世界に生きてきた方と思っていましたが、めぐみ女学園の話を伺いますと、新しい発見があります。そういう経験をなさっていたからこそ、教会の中でどういう方にも分け隔てなく声が掛けられるんですね。

鵜飼　私もそう思います。めぐみ女学園に入学し、園長の娘としては、お友だちに対して「あの人、嫌」「気持ち悪い」とは言えませんでした。いつもにこにこと微笑んで、誰とでも友だちになっていました。私がいることによって、めぐみ女学園が駄目になるようなことがないようにとても気を付けていました。

普連土《ふれんど》女学校から青山学院女子専門部へ

鵜飼　昭和一九年（一九四四年）までに、めぐみ女学園から八〇人ぐらい卒業生が輩出されていました。私はその三回生として入学し、卒業までそのまま学ぶつもりでいましたが、どうしてももっと上のレベルの学校に行きたいという気持ちが生まれてきました。生意気にも東京女子大学の国文科に行きたかったんです。そう伝えると父が「女の子が東女の国文を出たらろくでもない。黄色い声を張り上げて物言う」と言い出しました（笑）。ただ「青山学院ならいい」とも言ったので、まずは普連土女学校に編入して、その後、青山学院の女専（女子専門部）を目指すことにしました。

普連土の編入試験は結構難しく、受けたのが七人でそのうち二人しか受かりませんでした。受験勉強をしていると、めぐみ女学園の授業が遅れていることがよく分かりました。でも、私はお習字と音楽はうまかったんです（笑）。そして、めぐみ女学園三年の終わりに普連土に転校しました。

普連土では、四年の終わりのとき、戦争中で何もなくてなんとも寂しいので、宝塚のまねをして「ステージに皆立って踊りましょう」と言って、モンペを履いた姿のまま踊ったことがありました。卒業してクラス会があると、私はそのことをすっかり忘れていたのに「あなた、あの宝塚の踊りをやった方ね。転校生の岩村さんでしょう」と言われるくらいです。歌が好きで、ピアノも弾いて、本当に「おちゃっぴい」な、跳ね返りの普連土時代を過ごしました。

ただ、当時は勉強よりも戦争のための工場奉仕が学校生活の中心でした。私のような昭和二、三、四年生まれの人は、学ぶことを戦争に捧げたということがいつも頭の中にあります。毎朝、お弁当を持って工場に行っていました。勉強とはほど遠い工場で、朝八時ぐらいから五時ぐらいまで作業をしていました。赤いケーブルや黄色、黒のコードを並べながら、電気の無線を組み立てる作業でした。その間は全く勉強していません。

昭和二〇年（一九四五年）二月、戦況が大変厳しい時代に卒業式がありました。普連土では卒業式をきちんと開くことができず、工場の帰りに学校に寄って、カーキ色のズボンとカーキ色の上着を着たままで卒業式をしました。紙がなくて卒業証書がもらえず、後から送られてきました。

その後、青山学院の女子専門部（通称「女専《じょせん》」）に入学しました。

洗礼と信仰告白

――では、洗礼を受けられたのはいつ頃でしょうか。

鵜飼　私が、めぐみ女学園のときです。あるとき伯父の木村清松が来て、「栄子はまだ信仰告白してない」と言ったんです。

――幼児洗礼を受けていらっしゃるんですよね。

鵜飼　はい。幼児洗礼はすでに受けていましたが、信仰告白をしていないのは駄目だと伯父が迫ってきました。木村清松の伝道は特別で「キリストのために死ぬんだ」という主張を強く持つ人でしたので、私に信仰告白を迫ってくるのです。ただ私はそういう形で押し切られて信仰告白をするのではなく、もっと静かにしたいと考えて父に申し出て、自然な形で信仰告白をしました。昭和一八年（一九四三年）、一五歳のときでした。

それからは日曜学校の先生も積極的に担当しました。普連土を卒業してから、日曜学校の先生として生徒を沢山教えていました。ある親御さんが驚いて「うちの子どもは身体を動かすのが得意で、勉強はあまり好きではないのに、栄子さんが好きなのかしら。日曜学校になると行くのよ」と言われたこともありました。女の子たちも女子学院だとか、よい学校に行っている子たちもいました。子どもたちに教えるのが大変面白く、大森めぐみ教会も盛んでしたね。

戦時下の教会

――戦争中の教会は、どんな雰囲気でしたか。

鵜飼　終戦間近の昭和一七年から二〇年は苦しい時代でした。木村清松は北海道でキリストと天皇とどちらが上かと聞かれて、「キリストです」と答えたとたんに、極寒の地で捕まってしまい、一〇日ほど捕まって帰ってこないこともありました。

ところが、木村清松の流れを汲んでいるはずの父・岩村清四郎は、天皇陛下を大事にする人でした。木村清松とも違う、天皇陛下とキリストのどちらがえらいとか、そういう考え方自体を持たない人でした。同志社とアメリカで勉強したことが影響していたのでしょうか。

当時は隣組という制度がありました。ご近所から嫌われないために、教会としても讃美歌を小さな声で歌い、オルガンも小さく弾いて遠慮をしていました。昭和一八年の終わりから一九年にかけて、隣近所に戦死者の訃報が来て、お骨が帰ってくることもありましたし、防空訓練も頻繁にありました。そういった暗い雰囲気の中でピアノを弾いてしまうと、たとえそれが練習曲で名曲でなくともピアノの音自体が派手に聞こえてしまいます。ですから、父から「かわいそうだけど、しばらくの間ピアノを弾くのは諦めてくれ」と言われ、三年ぐらいピアノを取り上げられていました。そして昭和二〇年（一九四五年）の空襲でピアノごと焼けてしまいました。戦後、昭和二三年（一九四八年）に新しいピアノが手に入って、練習をすることができました。

戦争中の大森めぐみ教会の活動は地味でしたが、洗礼を受ける人や神学校に行く人も生まれていました。

母・岩村安子とキリスト教保育連盟

——栄子さんは教会の中で色々な苦労をなさっていますが、その苦労以上に、教会の働きに喜んで取り組まれています。喜んで取り組むという、ご自身のご性格はご両親のどちらに似ているとお考えでしょうか。

鵜飼　父の影響も強いかもしれませんが、母の性格に似ていると思います。母は父以上に芯の強い女性でした。いわゆるお茶の水出のタイプで、地味でも着実に進めていました。戦前にベラ・アルウィンという人が始めた「玉成《ぎょくせい》」という保母養成学校があって、その創立者のアルウィンと一緒に取り組んでいたのが母です。一九一六年（大正五年）、お茶の水を卒業した頃だと思います。幼児教育について学んだ自分が少しは役に立つからということで、しばらく手伝ったようです。

その後、「世界幼稚園教育学会」が日本で開催されて、外国から五〇人ほどのお客さまが見えました。日本の教育事情、ことに幼児教育の事情について詳しく聞きたいということで、東大の安田講堂で催されました。その際に、日本の代表として日本の幼児教育を歴史をたどって語れる人ということで、母に白羽の矢が立ち、アメリカ人の大勢の聴衆を前に母は全く動じずに、自分で書いた英語原稿五〇ページを流暢に読み上げたそうです。

それを聞いていた人たちから「ミセス岩村は、どこで英語を勉強したんだろうか」という声があり、「アメリカの大学ですか。それとも……」と世界中の大学を並べられ、どこで勉強したのかを尋ねられて、母は「オンリー女子学院の婦人宣教師から学んだ英語力です」と言ったようです。その英語力に周りは大変驚いて、見直されたそうです。

母のその聡明さは父からも認められていました。キリスト教保育連盟を昭和六年（一九三一年）に始めるときには母が会長、父は監事という形でした（笑）。父は勢いだけはありますが、母の方が内面的に非常に聡明でリーダーシップのある人でした。私は、新しいことに積極的に取り組む母の性格に似ています。

母・岩村安子の奨励「エホバ・エレ（神そなえたもう）」

信仰の父アブラハムは、その晩年に与えられたただひとりの世継ぎであるイサクを「神にささげよ」とのみ声をうけた時、深刻な煩悶をしましたが、神のご命令に従うという信仰のたて前からついに意を決して、イサクをつれモリヤの山にむかいます。

山の上に祭壇の用意ができた時、ふるえる声で神のご命令をわが子に伝え、静かに横たわるわが子に、最後のひと刺しと刀を持つ手に力を入れた時に、天の一角から「アブラハムよ、なんじの信仰はわかった。イサクを殺すには及ばぬ。なんじの後ろを見よ、雄羊が一匹、角をやぶに掛けている。その身代わりとして神にささげよ」と、主のみ使の声をききました。

そして、アブラハムはみ使の伝えたとおりに、燔祭《はんさい》をささげてから思わず「エホバ・エレ」といったと申します。必要な時には、「神常にそなえたもう」との意味であり、神はわたしたちの必要を知りたまい、いつも必要に応じて備えて下さるとの信仰であります。

わたしの教会での実例でありますが、ある婦人は先年の空襲で家を失い、せっかく疎開しようとしていた家財も全部、貨物列車で運んでいる最中に駅と共に焼けうせ、引続き慶応に行っていたひとり息子は病気になり、必死の看病も効なく天に召されていきました。間もなく夫も永眠され、全くひとりぼっちになられました。

その苦難の中から彼女は雄々しく立ちあがられ、毎朝夜明けとともに、詩篇一二一篇「わたしは山にむかって目をあげる。わが助けはどこから来るであろうか。わが助けは、天と地を作られた主から来る」を口ずさみ、きょうも「エホバ・エレ」の生活を信じ、うれいを忘れた信仰の日々をくり返すことができるようになられました。

更にその方はご自分の身につけた技を生かして、一生けんめい働いておられる時に、あれも、これもと必要なものが生じてどうしようかと思う時に、「神様は必ず備えて下さるのですよ」と体験をたびたび語られるのであります。

楽観的なクリスチャンとか、ありがたやのクリスチャンとかいわれますが、十分に事足りている時だけ楽観的であったり、感謝を口にするようなキリスト者であってはならないと思います。

悲しい時にも、苦しみのどん底につきおとされたように思う時にも、神の恵をかぞえることのできるクリスチャンになるのはほんとうにむずかしいことではないでしょうか。

聖書は多くのことを教えていて下さいますけれど、みことばが自分のものになると申しましょうか、生活と信仰が一つになることのいかに困難であるかを思います。それでも最後は自分の体験を通して、みことばを生かす、信仰生活ができてこそ「世の光、地の塩」ともなれるでしょう。

観念の宗教、頭の宗教としてでなく、生活の宗教、生活を通しての信仰にまで、聖書のみことばが板《いた》につかなければ、真の幸福も得られないし、真のクリスチャンともいえないでありましょう。

血の出るような体験を通して知らされた、旧約聖書の人アブラハム、現代の教会婦人の「エホバ・エレ」の信仰はまことにとうといものであります。

（「ほほえみの人生」一六六―一六八頁）

戦後の青春

鵜飼　戦後すぐの頃、今の青山学院本部の建物の一階に教室があって、ピアノが一台置いてありました。友達が「岩村さん、弾いて」と言うので、ランゲの「花の歌」やショパンの「別れの曲」など、楽譜がなくても覚えている曲を弾いていました。授業が終わった後、皆帰らずに「岩村さんのピアノを聞こう」と誘い合って聞いてくれて、一緒に歌を歌っていました。その集まりが、後の「ＫＡＹ合唱団」につながっていきました。石丸泰郎先生や奥田耕天先生がいらして、指導された時代です。ちょうど私が青山学院にいた時期と重なるんです。

――その頃の英語教育はいかがでしたか。

鵜飼　三年生の終わり、昭和二二年（一九四七年）にミス・チニーとミス・ベレーが、青山学院に戻りたいと強く希望されて、アメリカから戻って来られました。当時英文科はまだ開設されていませんでしたが、特別の課外授業を希望すれば英語の授業を受けることができました。ただ、いろんな学校から来た人がいて、英語のレベルはバラバラでした。

青山学院女子専門部、女子専門学校（女専）時代のこと

長い尊い歴史のある女専と私とのつながりは、終戦の年の二月入学の入学試験から始まります。昭和二〇年は、日本中が戦時体制、敗戦の雰囲気が満ちていました。当時一七歳の私は入学試験の日、只ならぬ緊張の中で青山学院女子専門部の門をくぐりました。女専の校舎の教室に番号順に坐り、家政科のテストを受けました。試験問題に――ミカンの皮の効用について――とあり、頭をふりしぼった事を覚えています。

三月に合格の通知を頂きましたが、東京都内は大空襲の連続、「入学式はいずれお知らせします」とあり落ちつかない日々でした。五月は青山学院の大半が焼夷弾で焼失、わが家も同日すべてを失いました。六月に入学式のお知らせがあり喜びながら渋谷駅に来てみると、駅の廻りも宮益坂辺りも焼け跡、やけぼっくいの中をやっと学院の正門に辿りつきました。夢にまで画いた青山学院は、わずかに大講堂、間島記念図書館、本部礼拝堂等が残っていました。私達は大講堂に集合し家政科一年A・B、国文科一年A・B、専修科と並んで坐りました。講壇の先生方も悲壮な

面持ちで迎えて下さいました。級の名簿を呼び上げる小林れい子先生の慈愛に満ちたお顔が忘れられません。当日は半数位（七〇名中四〇名）が集まり、後は疎開や不明でした。

然し翌日から授業が始まりました。女専の建物は全焼失で、高等女学部の空いている教室を使わせて頂き、国語、算数その他、と受講いたしました。教科書も薄いザラザラの小冊子を頂いたように思います。

八月終戦の詔勅は焼け跡のお薯畑で伺いました。各学年御一緒で大きいスピーカからながれる天皇陛下の少しかすれたお声の「汝臣民に告ぐ」を伺いました。カンカンと照りつける夏の太陽の下で倒れる者もなく、この日のことは一生忘れられません。教室に戻った私達は互いに無事を喜び、新しい希望に心ときめかせました。私達は昭和の始めの生まれ！　戦争の足音と共に今日を迎えたのです。これからは失ったものを取り戻して先に向かって歩いていくしかありません。女学生時代に学問を国に献げ工場動員し働いて過ごしましたから、殊に英語禁止の二年間（中三から高一まで）は泣きたいほど辛く七〇年経った今日までその穴は埋まりません。

昭和二一年のある日、大礼拝堂（毎朝二時限と三時限の間に礼拝あり）で古坂嵓城女子専門部部長が、「貴女たちは女子専門部に入学されましたが、今日から学制が変わって女子専門学校になります。これは一般の男子大学と同じで格が上がりました。堂々と頑張って下さい」。私達はそれから頂く書類が女子専門学校と書かれたのをまぶしい思いで見ておりました。

（「青山学院女子専門部と女子専門学校」青山学院史探訪より抜粋）

鵜飼　女専では、礼拝が二時限と三時限の間にあったんです。それに反対した強い人がいてね。「私たちは学生で選ぶ権利があるんだ。礼拝に絶対出席しなくてはいけないというのはおかしいのではないか」と言って私に食い下がるから、私は「当然やっていいと思うわよ」って頑張りましたよ。ただあまりにも言うもので、最終的には「そこまで言うなら、あなた、先生に言いなさい」と言ったら、彼女が先生に進言に行っていました。そしたら先生が「あなた、青山学院に入るときに配られた校則をしっかり見ましたか。青山学院はこういう学校だという規則があったでしょう」「校則に『礼拝をします』と書いてありましたよね。それをご承知でご入学なさったのではないでしょうか。入学してから、礼拝が嫌だということなら即刻おやめなさい」とおっしゃいました。それを聞いて、私は筋が通っているなと思いました。

女専では多くのお友達を作って、ＹＷＣＡの会長をしました。今でも鮮明に覚えていることがあります。当時女専の国文科、家政科、専修科の生徒を合わせると一一〇〇人ほどの在校生がいました。私が「あなたもＹＷに入りなさい。よいのよ」と周りの人を熱心に誘ったところ、その中の八〇〇人がＹＷＣＡのメンバーになり、大きく成長しました。

体育館で礼拝があり、最後の報告で「何かありますか」と呼びかけられたら「はーい」と前の方へ飛び出ていき、「ＹＷから一言。今日の何時から〇〇の部屋で讃美歌の練習をいたします。皆さんもお入り下さい」という報告をしていました。その呼びかけで、大勢の生徒たちが集まりました。

青山学院卒業と進路

鵜飼　青山学院の女専卒業後には、母が会長をしていたキリスト教保育連盟に就職しました。勤めたいところが他にも色々とありましたが、父が末子の私の首をつかまえて離さなかったんです。父に「保育連盟の仕事をしなさい」と言われて、私なりに「嫌だ、私は違うことをしたい」と反抗したところ、母も私に賛成して「そうね。栄子ももう少し世の中のみんなと同じぐらいの環境で、人の中で競い合ってやっていっても大丈夫よ。そういうタイプだし、できると思う」と言ってくれていましたが、父としては「いや、保育連盟は経済状況が厳しくて倒れそうだし、給料が少なくてもよい栄子がちょうどいいだろう」と譲らず、結局、入ることになりました。保育連盟で働きながら、アルバイトでピアノを教えていました。それで、一八人ぐらい生徒が来ていました。

実はその頃、留学のお話がありました。青山学院の豊田実院長や先生方の間で「女専で非常に光っている女性がいる」と私のことが有名になったようです。そこでオハイオ州で幼児教育の勉強したい人を一人募集し、不足している英語の力を補うために英語の特別レッスンを一年ほど、さらにオハイオの大学の教育学を一、二年勉強する。帰ってきたら青山の初等部の宗教主任になってほしいというお話でした。

ところが、父が言下に断ってきてしまって家の中では大騒ぎになりました。父は私に何にも言わずに断って、三日ぐらい経ってから母が父に「この間、青山学院の院長室にお呼ばれになったみたいだけど何の話でしたか」と聞いたところでようやく、父は覚えているだろうに「あっ、忘れてた」という様子で言い出したんです。そこを私がちょうど通りかかって「栄子に留学しないかというお話があったけれど、僕は断ってきた」という父の言葉を聞きました。そしたら、母は珍しく顔色を変えて、「お父さん、それはひどすぎます。これは栄子に選ばせることであって、あなたが選んでくることではありません」と言っていましたね。そしたら、父は「あ、そうか。でも栄子は末っ子だし、ここにいて牧師にお嫁に行けばいいんだから家にいればいいだろう」と言うわけです。

めぐみ女学園に通ったことも、保育連盟も同じですが、父は私を外に出したくないという気持ちが強かったのですね。父につかまってしまったという感じでした。

——栄子さんとお父さんとの関係というのは独特で面白いですね。

鵜飼　そうですね。おそらく岩村家の子どもの中で、私が一番父に密着していると思います。そして、父の思うとおりになっているように感じます。

——反抗する気持ちはなかったのですか。

鵜飼　反抗したくても、父は私を、なんとも言えないかわいがり方でかわいがってくれるんです。兄弟四人が喧嘩して叱られることはよくありましたが、私は一度も叱られません。どんなことがあっても、上の三人が悪いということになって怒られていました。今考えると、えこひいきですよね。

ただ、後になってどんなに苦労することがあっても、幼少時代に父に愛された経験から受けた、「自分は愛されている」という実感が私を支えてきたような気がしています。

——そのお父さまに強いられたキリスト教保育連盟のお仕事はどんな感じでしたか。

鵜飼　保育連盟では『母の光』『キリスト教保育』という冊子を編集していました。七人ぐらいの理事が集まって編集委員会を持ち、阪本一郎先生や著名な執筆者の方々に文章を書いていただいて、私は四年間編集の仕事をしていました。キリスト教保育連盟は母の配下のような存在でした。

――当時お母さまは、現場で幼児教育のお仕事をされていたのでしょうか。

鵜飼　実際にはめぐみ幼稚園の副園長で、毎日のように幼稚園に出ていました。母はやはり働く婦人でしたね。ですから、私が忙しく働いているのを見ていても「辞めなさい」とは言いませんでした。

青年キリスト者たち

――戦争が終わって、民主化の流れが加速していきます。その中で若者同士の交流について、詳しくお話していただけますでしょうか。ＹＷＣＡの活動はいかがでしたか。

鵜飼　戦後の復興時代に、学問に飢えて神学を求めていた女子学生たちを、ニューヨークのユニオン神学校でニーバーの研究をされ、帰国して日本ＹＷＣＡ学生部のリーダーになられた武田清子先生（後の国際基督教大学教授）が、導いて下さいました。

月に一度、駿河台の本部に集まって、報告会と研究会があり、存分に勉強する機会を与えていただきました。集まった十数人の学生たちは武田先生が研究されているラインホルド・ニーバーのことをあまり知らなかったので、先生としても教えたくてしかたがないという熱意をお持ちでした。

東京女子大生あり、お茶の水生あり、と才媛が集まった会でしたから、武田先生は一生懸命になって教えて下さっていました。私たちは戦争中は工場奉仕ばかりしてきた女子学生でしたから、「今日は大学ノートを何ページも使うような感じで来なさい」「勉学をするということやニーバーの考え方をしっかりと学ばないと駄目よ。私が教えてあげるから」と言って力を入れて教えて下さり、私たちもノートを何冊も使って熱心に学びました。とてもよい時代でした。

そのうち、日本YMCA学生部（学生YMCA、通称「学Y」）男子のリーダー塩月賢太郎先生からジョイントの申し入れがあり、東大、一橋、早稲田、慶応をはじめ十数大学の会長が合流して、各大学の会長が参加する月一回の会長会は、さらに熱気にあふれた勉強会になりました。男女合わせて全体で二七、八人の参加者がいて、そこに阿部志郎先生（後の横須賀基督教社会館館長）や、京極純一先生（後の東京大学教授）という参加者もいました。錚々たる顔ぶれでした。色々な学校から集まった輝いている若者たちが大勢参加していました。苦しかった戦争を経て、集まった数十人は武田先生のご指導に目を輝かせて、質疑応答に時を忘れました。

それが私が二〇歳過ぎの頃です。普連土を卒業したときが一七歳、それから三年間青山学院の女専にいて、二四歳のときに結婚するので、二〇歳から二四歳までのことですね。

その四年間がとてもエネルギッシュな時代で、よいお友だちとよい先生、そしてよい集会に恵まれていました。父がよく「栄子、また出ていくのか」と聞いてきましたが、「だって勉強がしたいのよ」と答えて出ていっていました。ところが、帰り道は池上辺りが暗くて危ないんです。それで、いつもその近くの大森めぐみ教会の人に父が頼んであって、暗い道に入るときに、その家をコツコツって叩くと出てきてくれて「送って下さる？」と言うと「いいよ」と言って送って下さいました。そんなことが二、三年続きました（笑）。

――ボディガードですか。

鵜飼　ええ。ボディガードばかりをさせて、申し訳ないことをしたかもしれません。その頃の私は勉強に夢中でした。当時私が在籍していたのは家政科でしたからお洋裁やお料理を学びたい人は大勢いました。でも私はＹＷＣＡや学Ｙ、それから日本基督教団の青年部などの集まりに夢中でした。今後の日本のリーダーシップを作るという趣旨にとても共鳴していました。

考えてみると、私の母もキリスト教保育連盟で幼稚園関係の全国の会長をしていましたし、祖母の小崎千代も日本基督教婦人矯風会で会頭をしていました。私にはそういう血が流れているのでしょう。だから、そういった集まりに対しては、大げさには感じないんです。そのときの経験から、今何が大事かを自分でしっかり考えていくという習慣を身に付けたように思います。

当時、日本基督教団の青年部の長は大村勇先生（後の日本基督教団議長）でした。それから鈴木正久先生（後の日本基督教団議長）、水野正己先生、それからもう一人ぐらいいらして、各教派からバランスよく入っていました。

特に私は鈴木正久先生の説教に養われました。すさまじいほど心に迫るイエス・キリストの愛を感情的ではなく、整然とお話になっておられて、とても養われました。メソジストらしさでしょうか。鈴木先生の説教で背筋が伸びるような思いがしていました。自分の父が持っていない神学を感じていました。私は、鈴木先生からピカイチと褒められたい気持ちでいつも先生のそばにいたら「岩村さん、僕にくっつくんじゃないよ。どこか他の人のところに行きなさい」と言われてしまうことがありました。当時は、「鈴木先生となら死んでもいい」というようなファンが多くいました。説教が素晴らしくて、私も本物にならなくてはいけないという思いへと導かれました。

教団からまず分区に呼びかけがあり、分区ごとの青年部ができました。父から「誰も行く人いないから、栄子が行きなさい」と言われて、私が大森めぐみ教会の代表として南分区青年部に入りました。そしたら田園調布教会から飯坂良明さん（後の聖学院大学学長）も参加していました。その分区の代表二名が集まって一二人で教団青年部の常任委員会を開いていました。その常任委員会では、一人一人が役割をもってやっていました。どの青年もとても意気盛んで、心が燃えていたように思います。そのため、ブルンナー先生が東京大学に見えたときに誘われて行ったり、慶應義塾大学で行われたマルクス主義の専門家の講演にも誘い合って五、六人で行ったりと大変熱心に勉強していました。考えてみれば、青年部の一二人の委員の中では女性は二人だけで、残りの一〇人は男性でした。

その会が二年ほど続き、その間に三回か四回大きい勉強会をやりました。それから大森めぐみ教会が入っていた南分区でも、大きな会を企画しました。どのような集会にも、その頃は二〇〇人ほど集まっていて、青年たちが知識を渇望し、讃美歌の声が大きくてよい時代でしたね。

青年部として講師をお呼びすることもありました。朝日新聞の論説主幹もつとめた笠信太郎《りゅうしんたろう》先生に二回ほどご依頼して、信濃町教会で四〇〇人規模の集会をし、私は司会などを担当しました。

そのほかに、隅谷三喜男先生（東京大学教授、後の東京女子大学学長）、神学の分野では北森嘉蔵先生、竹森満佐一先生、熊野義孝先生（三氏とも東京神学大学教授）と錚々たる先生方をお招きして、本格的に勉強しました。

そのうちに昭和二四年（一九四九年）前後にフィリピンで、ワークキャンプがあるという誘いがあって参加した青年たちもいました。初めは自分が所属する教会や国内を意識した働きでしたが、徐々に東南アジアの方に広がっていくという時代でしたね。

それからJ3と呼ばれた、戦後北米から来日した宣教師たちにも助けられて、YWCAの野尻キャンプ場を使って、青年の大きな勉強会をしました。男女ともに熱気があふれていました。駅で降りたら皆で柏原から野尻までリュックを背負って、四〇分ほど歩いて行って、湖水のほとりのキャビンに皆八人ずつぐらい他の教会の方と一緒のグループになって泊まりました。

戦争中はそういう学びの時間が全く持てなかったので、ともかく青年が集まって話を聞きたい先生をお呼びし、質問をしながら一晩泊まってということを心から嬉しく思いました。今振り返ると大変生意気ですが、私たちは若者なりに、「マルクスはどういう主張なのか」「一体これから日本はどうなるんだろう」と一生懸命に考え、行動していました。そして、戦後の日本を立て直すのは我々なんだ、という気概に満ちていました。

ジョイントは楽し

——昭和初年、男子系の青山学院と女子系の青山女学院が統合して大きな青山学院になりました。しかし、戦前には同じキャンパスにいながら、男子と女子は絶対接触させない雰囲気があったようですね。戦前はそういう壁がありましたが、戦後はそれがなくなったのでしょうか。

鵜飼 そうですね。それでも青山学院の中は、なかなか壁が取りにくかったように思います。青山の女専に通っていた頃に、私は大森の家から池上線で五反田、山手線で渋谷へ、渋谷駅から青山学院に向かって坂を歩いて向かっておりました。そのときよく兄の洋三と一緒になって、並んで歩いていましたが、ある時何も覚えがないのに「岩村さん、ちょっと職員室に来て下さい」と呼ばれて、先生方から「今日いらっしゃるときに男子学生と笑い転げながら坂道を歩いていたようですね。そういう密告がありましたよ。岩村さん、どうなさったんですか」とおっしゃるから、「あれは兄でございます」と答えたほどでした。兄はどちらかというと背が高くて細面ですが、私は丸くて丸顔なので、私たちは兄妹で似ておらず「とても兄妹とは思わなかった」と言われてしまいました。それも二回ぐらい呼び出しを受けました。

そのような雰囲気でしたので、青山学院の中でも男女がジョイントで合唱をするということが始まったとき、皆嬉しくて心を弾ませました。戦後すぐ石丸泰郎先生が戦地から帰国されて、一年間指導して下さいました。それから昭和二一年（一九四六年）の終わりに奥田耕天先生が戦地から帰ってこられました。奥田先生は痩せ細ってまだ軍隊の服を着ていらっしゃいましたが学生たちに丁寧に教えて下さり、女専の生徒も教えていただきました。男子学生も女子学生もこぞってよい声の人が大勢参加していました。

最初讃美歌を何曲も歌って、そしてヘンデルの『メサイア』を練習していました。あるとき「チャペルでホンチャン（本物）の独唱者が来る」「今日は特別な日よ」と皆が言って喜んでいたら、岡村民子先生（後にフェリス女学院大学教授）が見えて、とてもきれいなソプラノで歌われました。

――それは、聖書学者渡辺善太先生のお弟子さん、岡村民子先生のことですか。お歌も上手なんですね。

鵜飼　実は、岡村先生は声楽の専門家で、留学もされているんです。

――そうなんですか。聖書を研究している方として有名ですが。

鵜飼　アメリカで数年間、声楽を勉強していらしたようです。『メサイア』のソロを「アイノウ」と歌ったときの英語のきれいな発音や、スカーフをお召しになって歌われていた美しい姿を覚えています。あの頃はまだ声楽家でしたが、後々聖書の専門家になられました。

そういう男女解放の時代でした。日本基督教団の青年部でも男一〇対女二で、いつでも大勢の男の人に囲まれて、口の立つ人や頭のよい人がいっぱいいて、対等に議論する雰囲気がありました。男女の別なく活動できることが面白かったですね。

中には「岩村栄子さんはよい人だよね」とか、後になって「学Yのときによく知っていたんだ。ピアノも上手なかわいいお嬢さんだったんだよ」と言ってくれた方までいました。後になってある方から「どうもその方は栄子さんのこと好きだったらしいね」と言われたこともありました。好きな感じがなかったとは言えないけれど……。何度か「一緒に帰らない？」とおっしゃって。ただ、私としては父の家訓で牧師と結婚するほかにはあまり気持ちを動かさないことに決めていたんです。

――その中には一人も牧師がいなかったんですか。

鵜飼　そうなの。

――結婚相手として、牧師であれば良かったんですか。

鵜飼　そうですね。
一同　（笑）。

戦後の変化

――新憲法の施行というのはどんな感じでしたか。
鵜飼　あの頃、鵜飼勇の兄の信成《のぶしげ》が大学で憲法関連の研究をしていました。
――鵜飼信成先生はソウルの大学に在籍していらしたんですよね。
鵜飼　はい。昭和一三年（一九三八年）頃からソウルの京城帝国大学で教えていました。昭和一六年（一九四一年）には大変危ない状況になり、大学の先生方やその家族はできるだけ早く本国に帰りなさいと言われました。それで日本に帰国して東京大学に戻り、憲法が専門で、後に東京大学の社会科学研究所の所長をずいぶん長く務めていました。
――新しい憲法が施行された感激はどのようなものでしたか。
鵜飼　この憲法でしっかりやっていくのだと強く感じましたね。日本基督教団青年部の仲間たちで新憲法がどういうものかについても勉強しました。鵜飼信成にも一回講演をお願いしたと思います。

――憲法では、天皇の立場が全く変わりましたよね。そのあたりはどんな印象でしたか。

鵜飼　そうですね。大変嬉しかったです。戦前には天皇のために死ぬという思想が一般的でしたし、熱心なクリスチャンが「天皇よりかは神の方が尊い、私は絶対に動かない」と言ってしまうと、すぐ捕まった時代です。

――戦後クリスチャンになった方々の多くは、戦前は軍国少年や軍国少女で、戦後反省して転向したとよく聞きます。ただ栄子さんの場合は、戦前からクリスチャンですし、ずっと聖書が知らせる唯一の神を信じてきましたよね。

鵜飼　そうです。ですから、戦後を節目に大きな転換をしたとは感じませんでした。けれども女専の友だちから「キリスト教なんて駄目よ」と批判されましたね。たとえば、明治六年にキリシタン禁制の札が取れてからやっと日本の国にキリスト教が入ったとか、実際は日本の国は神国だから違うとか、そういう反論を浴びせられていじめられたこともありました。

ＹＷＣＡに入ってきた人たちはだいぶ変わるんですけど。

第二章　父の家を離れて

主はアブラムに言われた。
「あなたは生まれ故郷
父の家を離れて
わたしが示す地に行きなさい」。
（創世記一二章一節）

鵜飼勇との出会い

――さて、そろそろ結婚について伺いたいと思います。栄子さんは二四歳で鵜飼勇先生と結婚されますが、それもお父さまのご意向に従って結婚されたのでしょうか。どういう経緯で出会われて結婚まで至ったのかお話しいただけますか。

鵜飼　私は、父のお気に入りになっていましたから、結婚のときには父から反対されてしまうのではないかと心配していました。ところが鵜飼勇の両親を岩村の両親はよく知っていて、「鵜飼猛先生は、牧師の中で一番尊敬できる方だ。あの方のご子息であれば間違いないだろう」と尊敬の気持ちを持って話していました。そのため、この話が持ち上がったとき、両親は会わないうちからもう決めてしまいました。

――どちらから結婚のお話があったのでしょうか。

鵜飼　始まりは、向こうからでした。昭和二五年（一九五〇年）、鵜飼勇が東京神学大学を卒業するときの卒業論文がきっかけです。論文にキリスト者の系譜をまとめようと計画し、高崎毅先生に参考文献についてご相談したところ、高崎先生が「それは岩村信二さんがよく分かっているはずだ。彼のところに行って借りてきたらよい」と言われたようです。そこで勇が連絡してきましたが、兄の信二が留学中だったため不在で、兄嫁がお断りしたんです。それでも「文献だけでも探していただけないか」と勇が言ったものだから、兄嫁が探して、それを受け取るために勇が家に来た日がありました。その時私は会っていませんが、会った兄嫁が「背の高い温和な方」と一目で勇を気に入っていました。「鵜飼勇さんは背が高くて、優しそうな顔をしていたわ。こんなよい人はめったにないから、栄子さん結婚を決めなさい」と言ってすすめてきました。「決めなさい」と言われても、私は会っていないものですから判断しようがありません。

一同　（笑）。

鵜飼　それから二度目に鵜飼が家に来たときに、私はちょうどピアノを練習していたところだったんです。すると兄嫁が「栄子さん、大変大変。鵜飼勇さんが見えたから大至急来なさい」と呼ぶものですから、急いで玄関に行って、初めて勇と会ったんです。彼、ひょこっと一人で現れて、「鵜飼でございます」ってあいさつされて、とっても感じがいい……。これが、主人との出会いです。

実はその後、岩村の母が働きかけをしていたようです。やはり小崎千代の血を継いでいるのでしょう。当時、「銀座教会の主」と言われた年長のご婦人に、「鵜飼勇先生がとても素敵なので、間に入ってくれないか」とお願いしたそうです。そしたら向こうは、「まだ結婚は考えてない。留学するかもしれないから」という理由で断ってきたのです。それから二年ぐらい、どうしようかなと思っていました。ただ鵜飼勇は、私のそれまでのボーイフレンドみたいな人たちとは違うタイプでしたね。

一同　(笑)。

鵜飼　考えに惹かれる人や議論して面白い人はいますよね。ところが、彼は議論が嫌いで、温厚で聞く人でした。議論はしないんです。静かな学者タイプで、黙ってウェスレーなどの洋書を年中読んでいました。わいわいと騒がしく議論するということはなく、ましてや映画や音楽会に出かけるというお遊びはしません。だから、私としては少し困った気持ちもありました。

――話が合わないと困りますよね（笑）。

鵜飼　それで、その話を医者になった兄の洋三に相談するとすぐ分かってくれました。ちょうどその頃、鵜飼勇の兄の信成が大森のめぐみ教会のすぐそばに住んでいたんです。ある日そこへ勇が呼ばれていく途中で、大森駅で洋三と会って話しているうちに、勇が私との結婚を迷っていることが分かりました。

そこで洋三は私のことを触れ込んで「勇くん、躊躇しないで早く栄子を嫁にもらいなさい」と薦めたようです。「教会を一生懸命やる点では栄子は最高の相手だと思う。あんなに教会を大事にする人はいない」と、自分の妹を褒めちぎったようです。そうしたら勇はすっかり安心して、結婚を決めちゃいました。

祖父母・小崎弘道と千代、両親・岩村清四郎と安子

――ところで、牧師と家庭を持つというのは母方の祖母・小崎千代から受け継がれています。その影響があったのでしょうか。お祖母様のご家庭の様子などお話し下さいますか。

鵜飼　そうそう、こういうことがありました。

小崎道雄伯父の妻・静子が、義父の小崎弘道とよく話しているんです。弘道の妻・千代はキリスト教の矯風会の会頭を一七年、青山学院の女子同窓会会長を一七年務めて、さらに霊南坂教会の牧師夫人だったため、大変忙しくしていました。それで、静子叔母が、弘道の話を色々と聞いていたようです。そこで弘道が自分の妻（千代）のことを、「うちのおばあさんはなんて忙しいんだろうか」と言っていました。

最近、従兄弟たちと話していてそれが話題にあがって、「おじいちゃんはあまりにも妻が忙しいから少し寂しかったのではないかな。だから、あんなにやらなくてはならないのかと嘆いていたんだよ」と話していました。

当時女中さんがいる家も多く、小崎の家でも女中さん二人に家のことをすべて任せていました。ですから、忙しい妻から置いてきぼりにされてもご飯だけは準備されていました。それでも女中では話し相手にはなってくれないですよね。

岩村家でもそうだったかもしれません。母は外に出れば、仕事がいくらでもあるような人でした。そんな母が忙しくしていると父が嫌がって、母はいろんな仕事を辞めさせられました。父は母に「妻は家にいて、しっかり俺の働き、教会と幼稚園を支えてくれ」と言い切っていました。さらに、父は昔の男の顔を出して、「女はこうでなくてはいけない。女はこうしなくては駄目だ。人の上に立ってはいけない」と、とても嫌なことを言うんです。

正直言って母は、父が好みのタイプじゃなかったようです（笑）。言葉が荒くて、母はそれを嫌がっていました。母の父である小崎弘道はそのようなことは言わないですし、おとなしい学者で、ひたすら英語の本や聖書関連の本を研究し『小崎弘道全集』を出版しています。植村正久先生が「小崎弘道と植村正久がいたら、日本の伝道はしっかりやれるだろう。君、一緒に手をつないで、長老派と組合派と一緒にやろうじゃないか」と小崎に言われたそうです。母の父はそういうタイプでした。

ところが、その娘婿たる岩村清四郎は、エバンジェリスト木村清松の弟だから、よく話し、勢いで伝道していました。木村清松は、アメリカでナイヤガラの滝を指して「これは私の父（天の父）がたてたんだ」と言った逸話がある人です。

父もその性格を受け継いで、壮語するタイプでした。たとえば米国留学での経験から、ディズニーのように楽しい幼稚園を作りたいと考えていたようです。大きい玄関はいちょう並木、その下につつじを植え五メートル先に白いバラのアーチを作り大きい木蓮の木と広い丸い芝生を作りました。お庭はすのこが敷かれ大きい四人乗りのすべり台、二階建てのぐるぐる廻るすべり台、その先に小さいプールを置き、更に水連の花の咲く池と藤棚を配置し、一年中楽しめるように設計していました。ご近所からも幼稚園に入園される家庭が多く、入園者はすぐ定員になりました。幼稚園ホールは教会を使い四角い部屋に丸い円を画きかわいい子ども用の椅子に座って毎日礼拝とお遊びをしていました。

バザーやクリスマス、どんなイベントを企画しても成功していましたし、父は何をやっても企画家でした。母はその点では認めていながらも、父が学者らしくないところが寂しかったんです。母が最期の時、付き添う私によく「(父には)もう少し学者風にふるまってほしかった」と話していました。一言で牧師と家庭を持つと申しましても、それぞれの夫婦に特徴があったと思います。

母の想い出

――柔和な人は幸いである。彼らは地を受け継ぐであろう

明治二六年生まれの母は九六歳で約十年前に召天しました。長い間積極的で活動的な父(大森めぐみ教会牧師)と共に牧師夫人の歩みを続けてきた母は父を天に送り次男夫婦(信二牧師)の隣に隠居所を建て住んでいました。礼拝と家庭集会に出席し訪れる方と楽しく過ごしておりましたが、次第に床に就く

ようになりました。「私は老床で病床でないから心配しないでね」。これが母の口癖で母らしい配慮でした。お手伝いのブラジル人の小母さんが毎朝濃い紅茶を出すので薄くして欲しいけれど私が薄いのを注文すると小母さんは自分では濃い紅茶を飲まないと思うので牛乳を一杯入れて飲んでいるのよ。でもこの事は決して云わないでね。もしどうしても頼むなら貴女ではなく和子さん（兄嫁）に頼みますから黙っててね！　こんな心遣いをしながら最後の三年くらい過ごしある日老衰による意識衰失が起こり五日目に召天致しました。

良く語り良く動く父の傍で黙って柔和に接する母の姿は娘の私からみても、絶妙で大勢の教会員が牧師夫妻を敬愛して下さいました。同じ牧師夫人でもあけ広げで豪快な祖母とは似つかぬ静かで控えめの母は祖父似のようです。

めぐみのバザーは周到な企画で毎度三〇〇万円を超す純益を出していますが母はその時も縁の下の力持ちで大勢の教会員の働きの中心にいました。あるバザーの日、両親と夕食を一緒に食べた時のことです。バザーの食べ物は一品も出ない何時もの献立で、バザーの苦労話を一つもしない母の姿に娘の私は驚きました。

母は目前の事柄に一喜一憂せずに本質的な事に心を向けるタイプと見えます。ヨハネ福音書は母の最も好む書で婦人会の家庭集会では求道者の方々にも聖書講義をし、その中から十数人の方が受洗し、今も教会に見えています。
明治の女性として深い教養を身につけ、父と共に開拓伝道の厳しさに耐え、教会と幼稚園を地に根づかせる日々の労苦を喜びながら力強い信仰生活を貫いた母でした。

（「母の想い出」より抜粋「銀座の鐘」一三六九号、二〇〇〇年五月一四日）

――ところで、小崎弘道は組合派ですし、同じく岩村清四郎も同志社出身で組合派ですね。一方で、結婚された鵜飼勇先生はメソジストですね。

鵜飼　そうです。キリスト教の中でも別の流れですね。
以前、結婚したときにこんなことがありました。組合教会は牧師たちがお集まりをすることがあります。大森めぐみ教会は二〇〇〇坪の土地でとても広く、大きなホールも持っていましたから、大勢が父のところに集ってきました。父は同志社を大事にしていて、組合教会が大好きで、その同窓会の「同信会」の会長も務めていました。すると、「牧師は皆ひもじいんだから、もうありったけの物をごちそうしようね」と言って、必ずステーキをふるまっていました。その日は、嫁に行った娘たちまで岩村家総動員でその準備を手伝っていました。

ところが、あるとき「鵜飼さんと結婚したら、もう栄子は来なくていい」と言われてしまいました。

一同 （笑）。

鵜飼 その理由を聞くと、集まったときに牧師の人事の話が出るから、私がスパイになってしまうということでした。「あの教会が空きそうだ」という懸案が出ると、その教会にメソジストの牧師を入れようとするのではないかと思われる可能性がある、ということでした。考えてもいないことでしたが、そういう理由もあって、私はあるときからその会には出席しなくなりました。父は私を大変かわいがってくれていましたが、父にとって一番大事なのは組合教会で、そこは娘であろうと、はっきり線引きして考えていました。

鵜飼家について

――その鵜飼勇先生のお育ちを教えて下さい。

鵜飼 鵜飼勇の育ちは岩村とはまた違います。家系図をみると分かると思いますが（本書一四八頁参照）、複雑な家で、鵜飼勇は若いときから大変な苦労をしています。

母の啓子《ひろこ》は、実は鵜飼猛の三人目の妻です。一人目の妻はお腹に子どもができて、臨月近くなったときに亡くなってしまいました。

二番目の妻の妙子はつぎつぎと七人の子どもを産んで、その七人を遺して亡くなります。この方がとびきり頭が良くて、美人さんでしたね。その妙子との長女が、皆さんもよく知っている同志社大学総長で国際基督教大学初代学長の湯浅八郎の妻清子さんです。それから長男はアメリカで三つの大学を卒業した後に、亡くなってしまいました。それから三番目が東京大学の教授になった鵜飼信成です。四番目が日本橋の歯医者をやっている関口和夫です。その間に男の子が二人、女の子が一人いたんですけど、病気で亡くなっています。

子どもが沢山いたので、鵜飼猛の家は大変でした。教会の婦人や女中さんが総出で、子どもの面倒を見ていたそうです。そういうわけで、どうしても次の奥さんがいなくては間に合わなかったという事情があります。そして、鵜飼猛が教会や牧師館のためにアメリカへ募金集めに行った帰りの船の中で、啓子に出会って結婚しました。三番目の妻となった啓子は、鵜飼猛の家の大勢の子どもを全部引き受けたんです。

啓子は「長老派の関さん」と言われていた、横浜海岸教会の中心の長老だった時計商の関家の娘です。フェリスを卒業した才媛でした。あるとき啓子おばあさまと私が話していて、「おばあちゃまはフェリスでおできになったんでしょう」とたずねたら、「ええ。まあね。二番の人がお茶の水でしたかしらね」と言っていました。自分は一番だった、とは言わないんです（笑）。

そして、啓子は子どもを二人産みました。それが和子《やすこ》と勇です。妙子が遺した七人に二人加えて全部で九人の子どもがいました。そのように大変複雑な家庭環境で育ちましたので、鵜飼勇はとても苦労人で、人の心を読むことが早かったと思います。幼いうちから内面が大人になっていて、いわゆる激論が過ぎる若い人のようなところを持ってないんです。人の心の深さ、罪深さ、難しさをよく分かっていました。だから説教もいい味があるとよく言われていましたし、私も「これは、沢山の苦労をしているからだな」と感じていました。御言葉の伝え方もただ聖書の言葉を言っているのではなくて、御言葉を自分の中でどう受け止めているかをきちんと言えるから聞いている信徒にも喜ばれました。

鵜飼勇の闘病

――鵜飼勇先生は、牧師になること自体に迷いがなかったのですか。

鵜飼　牧師になった経緯はこういうことでした。

鵜飼勇は青山学院の中学部五年、そして高等商業学部四年を卒業し、三菱信託銀行へ就職しました。

日銀総裁をされた速水優さんのお父様と鵜飼猛が親しかったようです。速水さんが突然旅行先でご長女を亡くされたとき、鵜飼猛牧師が懇ろに葬儀を執り行いました。その頃からの長いお付き合いで、鵜飼勇は速水さんのご紹介で三菱信託銀行に入りました。

ところが昭和一八年（一九四三年）に学徒として出陣します。鵜飼勇は海軍に志願しました。横須賀の対潜学校のいわゆる魚雷などを動かす一〇〇〇人ぐらい乗れる船に乗って訓練を受けました。幹部候補生の試験を受けてあっという間に任官し、昭和二〇年（一九四五年）の一月には、海軍少尉になっているんです。勇の船が青島《チンタオ》まで来た頃、船の艦長が通信機で戦争の様子を知ったらしく、「日本はもうじき負けるだろう」と状況を判断して、乗船している一〇〇〇人の若者たちを守りました。そこで生きながらえ戦争が終わって、鵜飼勇は三菱信託銀行に復職しました。

ところが、日本へ戻ってすぐに結核にかかってしまいました。それからが本当につらい日々でした。乾性肋膜炎という大変たちが悪い結核にかかり、それが後々まで続いて命取りになっていくんです。

二年ほど療養している時、兄の信成にすすめられて、父（牧師鵜飼猛）の自叙伝を執筆しました。その時、父が数々の試練をのりこえて今日主を讃美していることに感動して、自らも牧師になろうと決意しました。二五歳で東京神学大学を受験し、三〇歳で卒業しました。

――鵜飼勇先生と結婚なさるときに、結核を患っていらしたことはご存知でしたか。

鵜飼　いいえ。鎌倉教会と大森めぐみ教会は、メソジストと組合派ですから、お互いのことは何も知らないんです。ただ「教会学校で張り切っているよい先生」「声が良くて上品だ」というようなうわさが聞こえてくるだけでした。

岩村の家に、あるとき鵜飼の家から封書が届いて、鎌倉の有名なお医者さまからの健康証明書が入っていました。「鵜飼勇は昭和二〇年から二一年に結核を患ってその間色々なことがあったけれども、ほとんど回復して結婚生活には差し支えないことを証明します」という、しっかりとした判子が押されてある文書が来て、両親が大変驚いていました。こんな証明書が届くなんて、何かあるのではないかとは思っていましたが、それが後々、怖い病気につながっていくとは全く思っていませんでした。

――では、詳しく知るのはご結婚されてからですか。

鵜飼　結婚して、かなり後になってから病状について知りました。昭和二七年（一九五二年）に結婚して、その翌年、結婚九か月目に勇はアメリカに単身留学します。それから二年して帰国すると、あんなにやせていた勇が太って帰ってきました。元の体重から一〇キロくらい増えていました。あちらの食べ物がよくて、自分の体を太らせようと思って毎日牛乳の大きな瓶を一、二本飲んでいたようですね。

イェール大学は、教育レベルが高く、その頃よい先生がいっぱいいらっしゃって、とても苦労しますが、二年間よく勉強して帰ってきました。それからしばらくは体調も良かったのですが、まもなく東京教区の事件が起こってからは元の病弱の体に戻ってしまいました。

実は、彼は結婚前に胸の病気を治すために放射線治療をしていました。ところが、それが後になって問題になったんです。亡くなる直前にホスピスに行ったときに、医師から「鵜飼さん、大変ですよ。放射線治療で、二倍の線量を浴びていらっしゃるんですね」と言われてゾッとしました。その事実を、六〇年以上も一緒にいて初めて知ったんです。それがはっきり分かってから五日目に亡くなりました。放射線治療について聞いた直後だったので、「ああ、亡くなるべくして亡くなったな」と私はそのとき納得しました。

牧師夫人になりたい

――話が戻りますが、先ほど、洋三さんが鵜飼勇先生に「教会のために栄子はいい」と褒めて結婚が決まったとうかがいましたが。

鵜飼　そうです。その頃、私の周りには、一緒に映画に行ったり、議論したりする人は沢山いましたが、そろそろそのようなことはやめた方がいいなと思っているときでした。そこに、ちょうど彼が現れて、結婚が決まった感じです。

――ところで、その議論した相手にはどういう人がいましたか。また、どういう議論をなさったのでしょうか。

鵜飼　戦後、鈴木正久先生の下に集った青年たちでした。そこには神学的な議論をする人や、長老派とメソジストがどう違うかなどのキリスト教の教派ごとの違いについて、細かく詰めながら話すのが好きな人が多くいました。

その親しくしている中に、東大生で素晴らしい方もいました。この人はいいなと思いましたが、牧師ではありませんでした。

――そのときもお父さまから「牧師と結婚するんだぞ」と言われていたことは、忘れなかったわけですね。

鵜飼　そうですね。私の中で、どうしてもその言葉を切り離せなかったんです。周りでは、「牧師でなくても、よい信徒だったらいいのではないか」と言われましたが、私は、「牧師」という教会の業に命を賭けた人のそばにいたかったんです。

――お父さまの言葉には、それなりの説得力あったんですね。

鵜飼　そうですね。本当に納得していました。教会は、そんなにあだやおろそかに、簡単にできるものではないし、ましてや男の人が一人でできるものではない。よい妻がいなくてはできない、ということです。父はそれを言い続けたんです。母を見てても、本当に父を助けていました。両親の姿から「私も、ああいうふうにならなくてはいけないな」とずっと思っていました。

――ご両親をとても尊敬なさっていたんですね。

鵜飼　そうですね。その影響で、どんなに良縁話があっても、牧師でない方には見向きもしませんでした。あるとき母が私に、どこかのお医者さまのご子息で風貌も立派な方がいて「栄子さんを、どうぞお願いします」とお見合いを頼まれたと言ったことがありました。「でも、お母さん、私はやはり牧師夫人になりたいの」と言うと、母は「そう、それじゃあお断りするわね」と。母から「素敵な方のようよ」と言われても、牧師でなければ、私は全く駄目だと感じていました。

一同　(笑)。

鵜飼　後で考えると今でも、あの人だったらよかったかな、と思うこともありますが(笑)。そんなによい人もいたのに、牧師と結婚して牧師の喜びと悩みとつらさと一緒になっていたのが一番よかったとも思います。

牧師の悩みや大変さ、伝道のつらさを、妻が批判するのではないんです。夫と一緒にいて、「そうね。どういうふうにしたらいいだろう」と言い続け、祈り続けて、私は五四年間一緒にいたような気がしています。やはりそうでなくては、人生を深く生きることはできないでしょう。

それから牧師が言葉にならないくらいつらいときも、黙ってそばにいてあげるというだけで一番支えてあげるのは妻だと思います。

――では、鵜飼勇牧師との結婚に話を戻しましょう。

鵜飼　父の家訓に従って結婚について思い巡らせているうちに、二二歳になり、まだ結婚を決められずにいたら、鵜飼勇に巡り合い、その風貌といい、人柄といい、父の推薦が一番強かったんです。日本日曜学校協会という集まりで小崎弘道が会長をしていて、小崎道雄伯父と私の父・岩村清四郎も、そして勇の父・鵜飼猛もそこの理事でした。だから、お互いによく知っている間柄でした。

鵜飼猛は、教会を建てるために外国に献金を頼まれるとちゃんとお引き受けになる方でした。アメリカに頻繁に行って募金を集めていました。資金集めの天才だったようです（笑）。その当時のメソジストの中では、鵜飼猛先生が募金をお願いするとだいたいの方が「はい、分かりました」と言って、お金を下さったそうです。そうやって鵜飼猛はいくつもの教会を作り、日本の教会の基を作っていきます。そんなに大きな仕事をしているのにもかかわらず、自分では全く威張ってないし穏やかにしている方でした。

ところが、岩村の父はどちらかというと血気盛んなタイプでしたから、父自身、自分にないものに惹かれたのか「鵜飼猛さんは円満だよ」「誰が見ても評判のよい鵜飼猛先生の息子さんなら悪いはずない。鵜飼猛先生が、銀座教会や鎌倉教会、よい教会をしっかり伝道なさっていた。あの流れを汲んでいる方であれば間違いない。ましてや献身して二五歳にもなって神学校に行くなんて。栄子は黙ってでもいいから嫁に行きなさい」と言っていました。

——それにしても、牧師夫人になるというミッションが全然ブレなかったというのが素晴らしいですね。そのあたりはどうしてでしょうね。私、世の中に一番大事な仕事は牧師夫人しかないと、心の底から思っていました。

鵜飼　どうしてでしょうか。

——それを思い始めたのは何歳ぐらいからですか。

鵜飼　子どものときからです。父からは長男は牧師になるように、次男も牧師になるように、女の子は牧師夫人になるようにと繰り返し言われていて、小学校の二、三年のときから「はい、分かりました」と答えていました。兄もまた家族を代表して「一同、父上のおっしゃったとおりに教会とキリスト教の伝道のために、自分たちは牧師になるように、また牧師夫人になるように心がけて歩きます」と言うんです。

それで私たちも「はい」という感じで、あまり反抗がありませんでした。親を尊敬して、親の言っていることが間違っているとは思いませんでした。何なんでしょうかね。

——お父さまへの敬意があったことはお幸せですね。

鵜飼　よく父はこう言いました。「人生の生き方の中で一番大事なのはお金持ちの奥さんになることでも、お医者さんの奥さんになって派手にやることでもない。それは誰でもやりたいことだ。もっと大事なことはイエス・キリストは何をなさったんだ。栄子は分かっているだろう」「牧師の道が、そして牧師の奥さんが尊いんだよ」と。

だから、どこかの教会で牧師夫人が、粉骨砕身、教会と牧師を愛している様子を聞くと、父は涙を流さんばかりによい話として私たちに伝えます。「こういう立派な牧師夫人がいるんだよ。偉いね」「お金は苦しいんだよ。牧師はとても苦しいんだよ、誰が見たって苦しいけれど、もっとよいことがあるんだ。あの牧師夫人の姿勢をあんたたちにしっかり身につけてほしい」と、日頃からそういう会話をしていました。だからか、魔法にかけられたように、結婚相手は牧師でなきゃ駄目っ！と言い続ける変わり者になってしまいました（笑）。

——栄子さんにとって、結婚するというのは妻になることでもあるし、かつ牧師夫人になることでもあったわけですね。

鵜飼　ただ、その頭で考えていることと現実との間には少し距離がありましたね。鵜飼勇との結婚話が出たときに、「大丈夫かな」「この方について行って、きちんとやっていけるだろうか」という気持ちが、私の中でいつも問われていました。そして、結婚してからも、よき妻になるとはどういうことか何度も考えたり相談したりしていました。敬愛する左近孝枝《さこんたかえ》先生に相談しました。そのときに「栄子さん、そのままでいいのよ。ご自分を教会に捧げたいという気持ちのまま、牧師のために一生懸命やればいいのよ。それが一番いいんだから」とすすめられました。

ここで少し、左近孝枝先生についてお話ししておきましょう。昭和二〇年（一九四五年）に女専に入学してしばらくすると、学生ＹＷＣＡが始まりました。讃美歌を歌って聖書を学んだこのグループを指導して下さったのが左近孝枝先生でした。ご主人（旧約学者の左近義慈先生）と共にアメリカの南カリフォルニア大学で学び、ドルー神学校を卒業された方でした。優しい目で一人一人に問いかけて下さり、私が女専三年のとき、ＹＷＣＡの会長に選ばれたときも励まして下さいました。ご自宅まで伺って教えていただいたことがあって、その頃中学生だった和子さん（後に旧約学者左近淑先生と結婚）の姿もそこにあって、素晴らしいクリスチャンホームでした。孝枝先生には、「私自身がボーン・クリスチャンであることが情けなくてもっと鍛えていただきたい」とご相談したこともあります。その度に、「そのままでいいのよ」とおっしゃり、「周りにクリスチャンがいなかった自分のように苦労して歩む必要はないし、自然な姿で伝道しなさいね」といたわっていただきました。

ただ、どこか鵜飼勇にはある距離が感じられて仕方がありませんでした。そして、私はそのことを母に相談したんです。彼があまりにノーブルで何か越えているものを感じて、歳が六つ離れていたせいもあって、母に「私、やはりやめた方がいいんじゃないかなと時々思うの」と相談すると母が驚いて、「栄子、あなたは世の中をまだ分かっていません」「世の中は、バタバタ、ガタガタと騒がしくけんかしたり、議論したりしているところじゃありません。本当に正しいことに生きるということは、表も裏もあって、苦しいこと、人に裏切られることもいっぱいある中で、じっと耐えられる忍耐力のある人にならなくてはいけないんです。お母さんからすると勇さんはそういうものを持っています。あなたはまだ持ってないだろうから、あなたは勇さんから教えてもらわなくては駄目です」と注意を受けました。

(これ以降、「鵜飼勇」のことを「鵜飼」と表現)

新婚旅行の出来事

「今から妻を持つ者は、持たぬがごとくに生きるべし」　（ジョン・ウェスレーの言葉）

私は、静かな一〇月の雨の音を聞きながら、夫婦のノートに記されたこの言葉を読み、涙があふれた。そして、これから始まる人生をはるかに望みつつ、内なる声を確かめた。

（二〇一六年六月一四日、銀座教会の祈禱会「証し」より）

鵜飼　新婚旅行はいやでしたね（笑）。私は文学少女だったから鵜飼に「ノートを交換しましょうね」と持ちかけていたんです。そしたら新婚旅行に行ったその日に、赤いきれいなノートに「今から妻を持つ者は、持たぬがごとくに生きるべし。ウェスレー」と書いてありました。これから新婚生活なのに、その前にこの言葉をもらってしまって、私はすぐに帰りたくなってしまいました。それで、鵜飼に向かって「もう嫌だ」「私では駄目だったんじゃないかしら」と言いましたね。

そしたら「そうじゃないんだ」と言って、鵜飼は黙って私にそれを突きつけたんです。新婚旅行の晩に泣いた人は、私くらいではないかしら。皆から「うらやましい」と言われた幸せな結婚だったのに、その晩にもう涙が出て涙が出て止まりませんでした。

「妻を持たぬがごとく」ということは、どんなにつらくても、夫は教会を優先にするし、信徒を大事にするということですよね。だから、「私はいてもいなくてもいいという形になるように訓練していかなくてはいけない」と思いました。本当に心が震えましたし、大変な選択をしたと思いました。

鵜飼は父が亡くなって経済的に厳しい暮らしをしてきて、はっきり言うと生活費が母と二人で当時のお金で一か月一万円でした。デートなんてできませんし、映画に行きましょう、音楽会に行きましょうというようなお誘いは全くありません。だから、大丈夫かなという心配がありましたね。私はちょっと派手なところがあるので(笑)。

同じように、彼の方も大丈夫かなと心配したのだと思います。だから新婚旅行のノートに「今から妻を持つ者は、持たぬがごとくに生きるべし」という言葉を書いて、ぐさっと私を試したのでしょう。

でも、あのウェスレーの言葉で私自身が試され、これまでの姿勢をやり直さなければならないと気づかされました。

――とても教育的だったんですね。

鵜飼　教育的でしたよ。六歳違うだけで新妻の私をカンと教育するんだから。

鵜飼勇のアメリカ留学

――結婚してすぐに、鎌倉教会が任地だったんですね。

鵜飼　はい。鎌倉教会で結婚式をしました。鎌倉教会には鵜飼猛が建てた西洋館があって、美山讃子《みやまさんこ》先生、鵜飼の母、そして鵜飼がいて、三人暮らしをしていました。その家に私が加わりました。小さい家ですが、四人で暮らしました。鎌倉教会で結婚式をして、その涙の新婚旅行から帰って来まして、ああ、これは私が考えていた若い家庭と違うぞ、よく考えて歩かなければ大変だと思って慎重になりました。

その上、鎌倉教会には年長のご婦人が多くいらして、皆が私の立ち居振る舞いをじっと見ているから、「栄子でございます」とできるだけ下になって、後ろの方に座って、なるだけ前に出ないように心がけていました。大変でしたよ。

それだけでなく、結婚して九か月目に勇は留学することになりました。結婚したとき、内外協力会（戦後、北米関連教会と協力するために日本基督教団内に設置された組織）を通して留学試験を受けていたんですよ。前の年に受けたときには合格できず、その翌年に一つだけ可能性が示されて、「メソジスト系ではないけど、イェール大学はどうか」という話をいただきました。その大学なら受け入れが可能だということで、そちらに行くことになりました。昭和二七年（一九五二年）の一〇月に結婚して、翌年七月に出発しました。

――結婚のときは、留学することが分かっていたんですか。

鵜飼　話には出ていました。鵜飼の家では兄弟が皆留学していましたし、父も母も留学している人でしたから、留学が当たり前の環境でした。結婚の前提として、留学することを理解してくれるかと問われていました。岩村家でも単身で留学した人が何人かいましたので、留学となると家族を置いて行くんだということはよく分かっていましたので、戦争中の出征のようにパッと覚悟しました。

ただ鵜飼が出発するとき私のお腹に子どもがいるのが分からなくて、その留学に発った翌月八月に判明しました。もし妊娠しなかったら、当時ハートフォードに留学していた兄の信二が、今の栄子のピアノの力だったら入れるかもしれないからということで私をどこか音楽大学に入れようと鵜飼と相談していたらしいんです。ハートフォードはニューヨークから少し北へ行ったところで、イェールとも近い場所です。

ところが、それより先におめでたになってしまいました。それでそのまま日本にいることになり、鵜飼は七月に留学して、翌々年の一〇月まで二年三か月の間不在で、とても長い期間でした。それには、特別な理由もあるんです。

鵜飼勇の母・啓子

鵜飼　啓子はなかなかの博識でした。横浜の海岸教会の古い「関」という時計商の娘で、フェリスで学びました。

妹もフェリスで弟は東大ですから、頭のよい家なんです。啓子は、フェリス女学校の上にあった聖書研究科にまで進んで勉強して、そして伝道して歩きました。上級生で白戸八郎牧師の奥さんになる妙子さんという方と仲良くなり、盛岡にも伝道に行きました。山の道を歩いて五か月ぐらい伝道旅行しているんです。

それから留学の試験を受け、ニューヨークのブルックリン・ホスピタルという看護婦養成学校で、二四歳から二九歳まで学びました。単身で留学して英語も堪能になり、堂々と渡り歩くわけです。ところが、看護の勉強をした後に第一次世界大戦が始まって、なんとフランスで従軍看護婦をしています。

啓子曰く、「私は、セーヌ側のほとりで、沢山キャビンが立っている中で、ヒロコ、ヒロコって呼ばれて大変だったのよ」って。「啓子さんがやって下さると器用でほとんどお医者さまと同じように仕上げる」と大評判だったそうです。

アメリカでは看護婦は社会的地位が高くて、白い特別な帽子を被って、きちんと個室を与えられていました。その後、啓子は、いわゆる家庭教師というより格が上のアメリカの大富豪のお宅のナースになりました。

そういう特別な家のナースとして、五年ほど働きます。その家のご両親がお出かけのときは「行ってらっしゃいませ」とお送りし、ぼっちゃまにお勉強をさせていました。それを経験して、約一〇年経ち三〇代後半になって、日本の友だちの「啓子さん、帰ってきたら」という説得で船で帰国の途につきました。

ところが、その船でアメリカに渡って献金を募った旅帰りの鵜飼猛と出会うということです。

一方、鵜飼猛は、二人の目の妻に子どもが七人も産まれて、そのあげくに妻が亡くなるという悲しみの気持ちを持ったまま、アメリカに渡り、例の募金活動を繰り広げ、教会のために財布を膨らませて日本に帰る船に乗りました。その船の中でそのナースを経験したクリスチャン女性、啓子と巡り会います。母が三八歳、父が五四歳のことでした。しかも、猛はメソジストの牧師、啓子はフェリス卒で長老派の家庭の娘です。二五日ぐらい船に乗っている間に仲良くなって、日本に帰って来るなり婚約になりました。それであっという間に、子どもが大勢いる家にお嫁入りとなりました（笑）。啓子は看護婦でお腹が据わった人でしたから、子どもたち全てを引き受ける決心で結婚したんです。

――すると、鵜飼勇先生の二年三か月という長い留学について、その見聞の広いお母さま啓子さんのご理解があったということでしょうか。

鵜飼　そうですね。さらに詳しく言うと、勇からの手紙に、イェール大学での学びが終わってすぐに帰るのは簡単だけど、できればヨーロッパの方を巡って帰りたいと書いてありました。

それを読んだ鵜飼の母・啓子が、普段は何も私に言わないのに、「栄子さん、これは大事な話。見聞を広めてヨーロッパを回って、フランスやイギリス、ドイツ、オランダなど他の国を見て帰って来ることは勇の一生にとって大事なの。栄子さん、留守番長くなるけれど、覚悟して」と言われたんです。そうやって義母に言われると「嫌です」とは言えません。本当は赤ん坊を抱えているから早く帰ってきてほしいけれども言えなくて、「そうですね」と言っていました。岩村の家に行って「鵜飼のお母さんから、こう言われた」と言ったら、岩村の母も「ほう、そういう考えもあるのね」という反応でした。

そういう経緯で、鵜飼はイェール大学留学の後、四か月ぐらいヨーロッパで見聞を広めて、フランスで行われた世界ＹＭＣＡのキャンプにも参加しました。鵜飼はもともと静かな人でしたが、そのときに見聞を広めたことでどんどん積極的にやるようになって帰ってきました。

――それにしても、夫が留学した留守宅は寂しかったでしょう。

鵜飼　寂しかったし、いじめにあったし、もう大変な状況でしたが、そんなことを言うといけないですから……（沈黙）。

鵜飼が出発した翌年の昭和二九年（一九五四年）四月に長女・恵子を出産しました。恵子はアレルギー体質で、母乳と牛乳が体に合わず、ご近所の山羊の乳を毎朝買い求め飲ませて、一生懸命育てました。牧師館では、赤子の世話をしながら、鵜飼の母と独身の美山先生の身の周りのお世話をしていました。時々、エアメールで鵜飼と通信して、胸の内を伝えていました。

そのような中、お隣の教育館に住んでいた副牧師の森和子先生と急速に親しくなり、夜、恵子が寝入ると訪ねていって、色々とご指導いただきました。先生は、ご両親と早く死別され、洗礼を受けて、渡辺善太先生が校長を務められた日本基督教女子神学専門学校で学ばれました。聖書研究を中心に青年たちを指導されていましたが、他に夏目漱石の作品の読書会も開かれて、そこでは物事の考え方を指導していただきました。

私がかつて大森めぐみ教会で過ごした青年時代は、聖歌隊や日曜学校などの奉仕に打ち込んだときでしたが、鎌倉教会では、森和子先生の手厚いご指導で内省的な時が与えられ学びが充実したときでした。

そのうちに、鵜飼が出発してから二年四か月目に帰国することになりました。長女の恵子は二歳すぎになっていました。一九五五年一〇月末に神戸港に迎えに行って、一緒に鎌倉教会に戻ってきました。

銀座教会からの招き

鵜飼　実は鵜飼が留学中に銀座教会の三井勇牧師から、銀座教会に来てくれないかというお誘いがすでに来ていたんです。すぐに鵜飼に手紙を書いてどうするか尋ねたら、「これは大事な問題だ。栄子、岩村家にも誰にも言わないでくれ。日本に帰ってきてから僕が判断するから、黙っていてくれ」という返事が来て、黙っていました。

そうして、鵜飼が帰ってきたら間もなく、銀座教会の三井先生と役員の方が訪問されました。そのとき、鵜飼はまだ鎌倉教会の人にそのことを言ってませんでした。留学中に私の生活費まで見てもらっていたのでよくないなと思ったけど、三井先生がお疲れで痩せてしまわれて、当時五一歳だったのに七七歳の心臓と診断されたときでした。

戦後のキリスト教は上り坂で、礼拝も出席者が多く、三井先生は一人で伝道しておられたので無理をして限界が来てしまったのでしょう。三井先生は鵜飼に「どうしても牧師辞任を鎌倉の役員会で通してほしい。私たちも役員会に出席するから」と頼み込んだようです。鵜飼は「それは止めてくれ。僕が自分で言う」と言っていましたね。鎌倉教会にしてみれば、もう裏切り者というわけです。「留学中に母と妻と娘を鎌倉教会で守っていたではないか。月給もあげていたじゃないか。なぜ銀座教会に行くんだ」という言い分もあるでしょうし、大変なことでした。役員会が嘆願書を作ろうとか署名運動しようという動きもありました。

それでも最終的には、鵜飼牧師がそれを一つの使命として感ずるならばこの辞任を教会は受け入れると決心して下さって、それで三月の終わりで鎌倉教会を辞めて、四月から銀座教会に行くことになりました。そのとき鵜飼が三四歳、私が二八歳でした。それから六一年が経ちました。

第三章　そばにいてくれたから

鵜飼勇が遺した言葉

最期の日も近い、教会からの帰り道で

「若い時、東神大の友人から『牧師の娘とは結婚しない方がいい』と当たり前のように言われていたが、僕は栄子と結婚して本当に感謝している。思った以上の幸せを思う。

これから僕がいなくなり『鵜飼先生は立派だった』と言われるかもしれないが、僕一人の働きではない。栄子がそばにいてくれたからいい人生だったので、みんなが僕をほめてもひがまないでくれ」と真顔で言ってくれた。

秦野のホスピスで最期の時を迎えて

深い呼吸の始まった鵜飼の枕元で、耳に手をあて「パパありがとう。栄子は幸せでした」と繰り返した時、一瞬、鵜飼の激しい息が止まり、目をうっすら開けてう

なずいた。その時を大切に胸にしまっている。

（二〇一六年六月一四日、銀座教会祈禱会「証し」より）

三井勇牧師の急逝

鵜飼　銀座教会は、全く鎌倉教会と違いました。昭和二〇年（一九四五年）の五月の戦火を浴びた会堂を皆が精一杯のお金を捧げて昭和二七年（一九五二年）にきれいにして、その四年後の昭和三一年（一九五六年）に鵜飼勇が呼ばれたという経緯があります。赴任直後には、まだ完全には復興していませんでした。それでも礼拝にはいつも二〇〇人から二五〇人ほどが出席し、聖歌隊も活動し、教会学校も活発でした。三井牧師は教会員の皆さんから本当に尊敬されて牧会をなさっていました。

ところが三井牧師が、六月二四日の日本基督教団創立記念礼拝の前日にお亡くなりになりました。その前日、三井牧師は、教団創立についてご存知のことをあらん限りに説教するということで、鵜飼と二人で長く話し込んでいました。そして「おやすみなさい」とお別れしました。

三井牧師はその後に「疲れたからお風呂に行く」とおっしゃり、家にお風呂がない時代だったために銭湯に行かれました。浴衣で帰宅され、少し休むとおっしゃいました。しばらくして夫人が「いびきがちょっと普通ではない」と思って様子を見てみると、すでに深い呼吸が始まっていて、驚いてお顔を見たら、もうお返事がない状態でした。六月二四日深夜一時か二時頃に亡くなられました。

そして、亡くなられた後すぐにドンドンとわが家の扉を叩く音がして、当時まだ牧師館には電話がなかったため、人が呼びに来ました。「銀座教会からお電話で、鵜飼さま、三井牧師が亡くなったから直ちに来て下さいというご連絡です」という知らせがきました。

鵜飼はすぐに着替えて、表の国道でタクシーをひろって、すぐに教会へと向かい、朝方三時ぐらいに教会に着きました。

全く突発的なことでしたし、教会員の皆さんも、教団創立記念礼拝に来たら三井先生が亡くなっていて驚いたと思います。急遽その日は鵜飼が説教を担当しましたが、もちろん何も用意してないですし、しどろもどろでかわいそうでした。ただ、前日に三井牧師が遺言のように伝えて下さったことがよみがえってきて、それを一生懸命お伝えしたと言っていました。

そこから鵜飼の銀座教会での伝道牧会が始まります。まず、鵜飼勇は伝道師で呼ばれていますから、銀座教会としてはそのまま主任牧師にするかどうかが大きな問題でした。鵜飼としては「自分は体があまり丈夫ではありませんので、温暖な海辺の幼稚園のあるような教会を望んでいます」という希望を申し出ました。そしたら皆に「駄目です」と言われてしまい、銀座教会にとどまることになりました。

そのとき、渡辺善太先生（銀座教会名誉牧師、聖書学者）が「僕が全部君の後を手伝ってあげるから、君は存分にやれ」と励ましてくれたそうですが、鵜飼は真っ青な顔をして帰ってきて「僕は健康の自信もないし」と漏らしていました。

それから、鵜飼はあまり説教家ではないんです。当時銀座教会では、渡辺善太先生が説教者として光っていたでしょう。穏やかで静かな鵜飼はあのように雄弁には話せないんです。

銀座教会の教会形成

――その鵜飼勇牧師は、銀座教会で信徒から大変慕われたとうかがっていますが。

鵜飼　それには、鵜飼勇なりの教会形成があるんですね。何しろ銀座教会は人数が多くて役員も大勢いました。あの頃役員だけで三五人いました。皆が役員をやりたいという気持ちがあって、二〇人まで少なくするのも大変骨が折れました。それをいろんな方法で、二、三年かけて二〇人に減らして、主の精兵を懸命に作り上げるという精神に徹して、まずは役員会の充実に力を尽くしました。頻繁に役員研修会を開き、鵜飼も役員たちに「銀座教会を作り上げるためには、君たちが力にならなくてはいけない」と言っていましたし、役員たちも皆気を引き締めていました。

教会形成のために次に取りかかったのが、ベビールーム（託児室）でした。私たちが当時住んでいた大森から銀座教会に行くのに一時間ぐらいかかって行っていました。教会に着くと子どもたち、恵子も眞も道子も皆くたびれてしまって、礼拝のときに静かにしていられないんです。これはベビールームがなかったら、牧師夫人として何もできないと感じました。立地としても子どもが表通りに出たら危ない場所ですし、子どもを見る人がいることは必須でした。

そこでベビールームを設けて、礼拝中の託児をする話し合いを始めました。誰かが託児のために礼拝に出られずに犠牲にならなくてはいけません。その犠牲をどう小さくしていくか、一緒に考えていこうという話し合いを持ち、それでベビールームを作る基礎づくりに二年ぐらいかかりました。

話し合いを重ねて実際に始めてみると、四、五人が託児を担当してくれました。その中には東洋英和を卒業して幼稚園の先生をしている方や小児科の看護師の方もいました。彼女たちが「この教会の将来を考えたら、ベビールームがなければ子どもなしの教会になってしまう」と主張してくれました。そうやってベビールームを充実させて、今だに五〇年以上続いています。

――鵜飼牧師なりのやり方というのは、上から「こうしなさい」という命令の形ではないということでしょうか。

鵜飼　はい。鵜飼は説教調では語れませんし、どんなことでも「そうか。君の意見はそうなのか」というように受け止める人でしたから、役員も牧師自身も教会の一員という意識があって、その中で牧会していました。教会員の中から、しっかりと意識を持った人たちが生まれてよいチームができました。

それから両親学級も始めました。教会学校の子どもの礼拝が終わった後、子ども達が分級をしている間に私が中心になって一〇人ぐらいの両親学教を開き、教会学校の親たちをしっかり育て、そこから洗礼を受ける人や、牧師夫人になった人も出てきました。

それから月島で昼間に聖書を学ぶ会も作りました。私も何人かを誘って参加しました。斉《さい》藤寿満子《とうすまこ》先生がとてもよい聖書講義をなさって、盛んになりました。そうやって、教会の中に核となるグループが五つほどできて、それが教会の基礎になっていきました。

そうしているうちに、全体修養会が始まりました。それまでは聖歌隊、教会学校、壮年会、青年会それぞれで修養会をしていて、夏の修養会としては六つもありました。牧師としては全てに参加するために走り回っていたので、八月の終わり頃にはくたびれ果てていましたね。それが三、四年続いたので、教会員の中で反省して「それぞれではなく、合同した修養会にしよう」という声が上がりました。それで教会全体修養会が始まり、今年（二〇一八年）で五五回目を迎えました。全体修養会に教会の流れをまとめていき、そのための祈禱会でも皆がいい方向になるように気をつけました。

修養会ではいい講師に来ていただいて、しおりもとても手の込んだものを製作していました。今でも教育委員会が続けて取り組んでいます。鵜飼はキリスト教学校と関係が深かったため、青山学院の八ヶ岳寮や東洋英和の軽井沢寮などを使わせていただいて泊まりがけで行きました。修養会の参加者は、一時は一〇〇人を超えていました。

その間に教会の会堂建築に向けての準備が始まり、皆が会堂建築に希望を持って、こういう教会を建てよう、という意見を活発に出し合いました。建築委員会として委員を一〇人選出し、教会の役員が先に決めてしまうのではなく、教会員の声を十分に吸収して進めました。七、八年活動が続きました。

そこで、どういう会堂がいいかということになって、昭和五三年（一九七八年）に、アメリカに視察に行くことになりました。行き先はアメリカで代表的な教会のニューヨークのリバーサイド・チャーチやシカゴのテンプル・チャーチでした。鵜飼がすでに体調が悪くなっていたため私も同伴して視察しました。

日本基督教団紛争

――ここで、教団紛争についてお話いただけますか。

鵜飼　一九六〇年代から七〇年代にかけて、教団内部は様々な問題を抱え、混迷の中にありました。教団紛争は昭和四四年（一九六九年）のことです。大阪万博にキリスト教館を建てるということで、大村勇先生が、ＮＣＣ（日本キリスト教協議会）の議長として賛成されました。この賛成について日本基督教団に諮ったら、教団議長の鈴木正久先生がはねつけて、今度は、教区に話を持って行きました。鵜飼は東京教区の議長だったため、教区はそれを受けてやり出したら、反対だ賛成だって大混乱になり、東京教区総会が中止になってしまいました。鵜飼は「万博がいけないというなら新幹線に乗るな」とまで言っていました。科学の繁栄を喜んでそれを享受しているのに、大阪万博のキリスト教館だけできないなんてことは、おかしいと主張したんです。そうしたら、鵜飼が厳しい批判を受けました。

それから、東京教区の立場を明確にするために東京教区の常議員が頻繁に集まって話し合い、東京教区としては賛否に至らず万博中立になりました。徹夜の集会もあったほどに根を詰めて話し合いました。

鵜飼は、大村先生に顔を立てたわけではありませんが、左翼の人たちの考え方だけでは世の中はおかしくなるのでそれを認めないという立場でした。結局二か月ぐらいして教区議長辞任を申し出たところ、それが受け入れられないで、鵜飼の辞任は宙に浮いたままになっていました。その後総会は開催されず、三〇年経ったところで、竹前昇先生たちの時代に、東京教区総会が再開されました。

万博問題の頃は、外に敵あり内に敵あり、という状況でした。あるときは鵜飼の意向が曲げて伝えられることがあって、それで鵜飼の評判が悪くなったこともありました。その紛争が続いた中で、鵜飼は病気を悪くしてしまったんです。

ことに、昭和四六年（一九七一年）五月二五日、東京教区総会のために東京山手教会で二〇〇人か三〇〇人の議員が集まったところに、一〇〇人の反対する人たちがインター・ナショナル（革命歌）を歌いながら教会の周りを包囲していました。九時に総会を始めなくてはならないのに、竹の棒を持っている若者たちが山のように来ていて、前の晩から徹夜集会を続けていました。教区の常置委員も慌てて対応に困っているときに、鵜飼は「このような状況で総会を開催することは安全を保障できない、東京教区が大変な事態を起こしてしまったらいけないから」と言って、開催派一〇対中止派一〇で分かれ、議長だった鵜飼が「止める」方に賛成して止めたんです。

その日の朝七時頃、現場で徹夜対応していた鵜飼から家に電話があり、「今日はちょっと大変なんだ」と言うから、「祈っているから、がんばってね。後から行くから」「うん」というやりとりをして、私も九時前には家を出て総会へと向かっていました。そして東京山手教会の坂を登っていくときに、知り合いの方に偶然お会いして、「まあ、鵜飼さん。ご主人、かわいそうに」と言われたんです。何も知らなかった私は「何が起こったの」と驚きました。

鵜飼は議長として止める方を支持することを宣言したとたんに崩れてしまい、意識不明になりました。自宅に何度も電話をかけてくれていたようですが、私はもう出かけていたから電話が通じなくて、全く知らずにその方に聞くと、「今、鵜飼先生は意識不明で、渋谷のあの病院に入られたから、すぐに向かった方がいい」とのことでした。ちょうどそこに銀座教会の神学生が来たので一緒にタクシーに乗って、その病院に飛んで行きました。

病院に着くと、主人には人間の最期の震えみたいな痙攣が起きていて、顔つきも変わっているし、「うう、うう」と唸っていました。「先生、震えが来ています。どうしたらいいんですか」とお医者さまに尋ねたら、「これは危険だ。一刻も早く止まってくれなくては駄目だ」と言われて、注射ではもう止まらない震えということでした。一〇分ほど経ってから、それがパタっと止まったんです。すると先生が「ああ、良かった。この震えがあと三〇分も続いてしまうと、命も危なかった」と言われました。

鵜飼は教団紛争で死ぬような思いを何回もしました。相手方があったんですけれど、私はあれが悪い、あの人がいけないとは思いません。つまり社会派と福音派という考え方で二分されているときでしたし、互いの考え方を押し通せば必ずぶつかるのでしょう。ですから、そんな状況にあって、私のお腹は据わってしまって、それでちっとも怖くありませんでした。

鵜飼が倒れてから、教区の臨時の会議や小さな会議が沢山ありました。そのときに、議長の鵜飼が病気のために参加できずに、何も知らないで終わってしまったら困ると思い、私が代わって全部傍聴に行きました。そこで、逐一協議を書き留めて鵜飼に報告しました。それでついには、私が傍聴席に入ったら、「来た来た、来たぞ、ミセス鵜飼だ」と悪口を言われて、それでも澄ました顔をして聞いていました。「何言ってんのよ」と思いましたね。私、怖いオオカミでもないですし、人のこと食べないでしょう（笑）。

病を知る牧者

――鵜飼勇先生はそれほど体が弱られている中で、銀座教会の伝道牧会をなさっていたということですね。

鵜飼　そうですね。そのような中で会堂建築にも取り組みました。危ない状態になると、よくがんセンターに飛び込んでいました。それでも致命的な病気だとは知らないから、あれをやったら治る、これをやったら治ると考えてさまざまな治療を続けていて、病院と教会とを往復しながら、ついに会堂建築をやりとげました。そのためにアメリカまで視察に行ったり、その間に長女の恵子がドイツで結婚式をするときはドイツまで遠出しました。「大丈夫?」とたずねると、「うん、ちょっとな」と言いながら、体が弱ってきていて、かなりトーンが下がっていました。それだけに信徒への思いやりが深くて、教会員から「鵜飼先生は病気の母のことをいつまでも忘れないで、必ず私の顔を見ると、お母さんどうしていらっしゃると言って下さる。先生は特別ね」というようなことを言われました。本当に鵜飼は優しいんです。

――病を知っているんですね。

鵜飼　そうですね。聖書の言葉どおりです。病の中で神を仰いでいました。ですから普段の会話のときにも、「栄子。僕、丈夫じゃなくて悪いね」と言っていましたし、私は「いいのよ。あなたはそれぐらいで大丈夫」と励ましていました。私が健康優良児になるような人ですから、支えられるし平気なんです。「あなた、大丈夫よ。私が元気だから、支えるからね」といつも言っていました。

――ご自分の身体の弱さを悲観されることはなかったでしょうか。

鵜飼　それはなかったですね。「もっとつらい人はいっぱいいるんだよ。病気でなくともお金で苦しんでいる人、人間関係で苦しんでいる人もいっぱいあるんだよ。それに比べたら僕の病気なんか静かにしてれば治るんだから」といつもそう言っていました。

――そのお話を伺いますと、牧師に何が必要なのか考えてしまいますね。

鵜飼　足りない牧師を持っていると、副牧師たちは牧師に甘えずに自ら奮起して働きます。ですから、副牧師の先生方にはずいぶん助けていただいたように思います。主任牧師と対立して鵜飼をいじめるとか、鵜飼もまた副牧師をいじめるとか、そういう陰湿なことは鵜飼の人柄ゆえに全くありませんでした。

――そういったことがないとは言えない教会もある、ということでしょうか。

鵜飼　残念ながらありますね。案外教会は生々しい面を沢山持っているところがあり、けんかにまで発展しなくても、あることを根に持ったり、信徒も内にこもったりということがあります。でも銀座教会は最後までカラッとしていました。

二〇一六年に、鵜飼勇牧師召天一〇周年の会をやっていただいたときも、皆が「先生はこうだった」「ああだった」と思い出話をして涙を流して下さいました。鵜飼が病弱な体ゆえに、信徒の重荷を深く理解したからなのでしょう。自分でも病と闘うために、よく祈っていました。

――牧師には必要なのは力ではなくて、力はキリストから来るものなんだとつくづく分かります。

鵜飼　おっしゃる通りです。

――この世の感覚では、力があって、しっかりした牧師がよいように思ってしまうのですが、牧師の働きはこの世の感覚とは違うところがありますね。

鵜飼　失敗したり、悲しんだりすることが大切なんです。その苦しみを通して、砕かれて、神さまの声が入ってくるんです。鵜飼は病気ということを通して御言葉が自分の中によく入ってきていました。

――それで教会の役員たちが一生懸命、牧師を支えていたということですね。

鵜飼　はい。皆が理解して、優しくして下さいましたね。

悲しみの淵で

家の子どもたちが幼い頃は、バナナは高価で一本でもなかなか買えませんでした。ある時、教会員の方からバナナを一本いただだいた長女の恵子は、戸惑いの表情ですぐに皮をむかずに「ママ、一人で食べていーい？」って聞きました。その時の姉らしい優しい顔は、印象深く今でも覚えています。食糧難の時代でした。牧師の家庭では、おやつを子どもの数だけ分けるのが習慣でした。

この恵子が高校二年の時、バッハの妻アンナ・マクダレーナの本を読んで感動して、パイプ・オルガンを一生演奏したいと申し出てきました。幼児洗礼を受けていましたから信仰告白をして、それからオルガンの猛勉強が始まりました。銀座教会で聖歌隊を指導しておられた奥田耕天先生から国立音楽大学の吉田実教授にご紹介いただき、教会のオルガンで深夜まで練習して、国立音楽大学に合格しました。卒業後は、ドイツでの研鑽を希望して、フランクフルト音楽大学に留学しました。

間もなく同級生のドイツ人男性と出会い、留学四年目に二六歳で結婚。お相手は六つの会社の顧問弁護士をする裕福な家庭の次男で、ローマ・カトリックの信者でした。皆に祝福された幸いな結婚式で、二人の子どもに恵まれて、恵子はフランクフルトのプロテスタント教会のオルガニストをしながら、精一杯生きていました。

ところが、牧師の貧しい家庭でバナナ一本に戸惑う暮らしをしてきた恵子と、ドイツの極めて裕福な家庭に育った夫、この夫婦は国柄や生活感の行き違いに苦しみました。さらに恵子は人間の罪深い現実を突きつけられて不信のどん底に突き落とされ、心が病んで行きました。そして、日本を離れて一六年目、恵子は数え切れないほどの重荷と淋しさの限りの中で神に助けを求めながら苦しみ、ついには自ら、地上の生涯の終わりを選び、永遠の旅路へと走り去りました。

「恵子が亡くなりました」との電話を受けた私たち夫婦は、しばらくは言葉を失い、涙も無く座っていました。その夜中、鵜飼は「栄子、祈ろう！」と言い、「この切り裂かれた苦しみ、悲しみ、淋しさを今まで多くの教会員が味わっていたのを私たちは知らなかった」と、鵜飼の悔い改めの祈りが続きました。牧師として痛恨の祈りでした。

五日後に、ドイツの教会で葬儀が行われました。参列した私は、葬儀の間中あふれる涙をこらえきれずに泣き続けました。一生のうち、これ以上考えられない悲しみの涙でした。

鵜飼が亡くなる数か月前、私にこう言いました。

「栄子、大切なことを伝えるよ。恵子は小さい頃からの希望を叶えてドイツに旅立った。青い空、美しい緑の森、優しい風に囲まれて、オルガンを学び、オルガンを愛し、大満足で神さまの許に行った。これ以上のことがあるだろうか。僕がいなくなって、淋しい時があり、恵子のことを思い出すだろうが、恵子のことで苦しまないでくれ！　泣くなよ。苦しまないでくれ」。

主はわが牧者なり、
われ乏しきことあらじ。
主はわれをみどりの野にふさせ、
いこいの汀《みぎわ》にともないたもう。
主はわが魂を活かし、
御名のゆえをもて、我を正しき道にみちびきたもう。

たといわれ死のかげの谷をあゆむとも、
わざわいをおそれじ。
なんじ我と共にいませばなり、
なんじの笞、なんじの杖、われをなぐさむ。
汝、わが仇のまえに
わがために宴をもうけ、
わが頭に油をそそぎたもう、
わが酒杯はあふるるなり。
わが世にあらんかぎりは、かならず恵みと憐みと我にそいきたらん、
われはとこしえに主の宮に住まん。

（鵜飼勇の愛唱詩篇二三篇、讃美歌［一九五四年版］交読文から引用）

牧師のために祈る信徒

――教団紛争の時代に、教会によっては教会内でも分裂が生まれました。銀座教会はいかが

でしたか。

鵜飼　銀座教会の中では、そういった争いはありませんでした。なぜかというと、鵜飼が教区議長で東京教区全体をまとめている立場なのに、銀座教会が二つに割れてどうするのか、と役員たちが奮起して、熱心に祈禱会を開いていました。銀座教会では、祈禱会がとても大切にされています。

　あの辛い状況を乗り切るためには、祈りしかないんです。皆が教会を愛して、教会のために捧げようという気持ちを持っていたんですね。その祈禱会で信徒の方が「今、鵜飼先生が持っている大切な立場を、神さま、あなたが導いて下さい。どうか健康を支えて下さい。私たち教会員はしっかり教会を守ることをお約束いたします」とお祈りして下さって、大変嬉しく思いました。「祈禱会に来ないと駄目だぞ!」と、中心となる人たちが強く言い出して、リバイバルのように祈りで支えて乗り越えました。そうやって信徒の皆さんが支えてくれて、その後の会堂建築のための一八年間の基礎になっていきました。

——そういう意味では、紛争で鍛えられたという面があったということですね。

鵜飼　そうですね。紛争で鍛えられたことが、その後の会堂建築のときにプラスとして働きました。教区事件を通して皆が訓練されて、会堂建築という大きな問題にも皆が本気で取り組みました。一八年間で、一六億の大きな仕事が生まれました。鵜飼先生を倒してとか、銀座教会を倒してなんていう反対の意見は、一つも出ませんでした。

五〇〇人の会員で会堂建てるときに、最後まで意見が対立した信徒がいました。その方に鵜飼は「よく分かってくれ」「僕は会堂を建てるとき、一人でも信徒を失いたくないんだ。君、理由を分かってくれ」と問いかけていました。最後には鵜飼の言うことをその方が分かって下さって、その方のお姉さんが亡くなった後に二〇〇万円を献金して下さいました。そういう意見の対立があったとしても、鵜飼は柔和な人だから、戦いには発展しないんです。

会堂建築のときは、教会の中に「私が会堂を建てるんだ」という気概を持った人が大勢いました。もっと言うと、この会堂建築の事業から自分が引いてしまえば、教会が大変なことになってしまうと自覚している人が大勢いたということです。

一六億という大金は、簡単には用意できませんから、皆が「どれくらい捧げればいいんだ」と鵜飼に聞いてくるんですよ。相談して「じゃあ、うちはまず二〇〇万は用意しよう」となるわけです。そうしたら一方で「うわ、大変だ。うちは子どもが三人も四人もいるのに二〇〇万も用意できない」という方もいらっしゃいました。そういう方には「捧げる気持ちでいいのよ」と申し上げましたが、結果的にはその方も二〇〇万を捧げました。

そうやって二〇〇万を捧げて下さる方が多くいらしたから、五億を教会員の献金で用意することができました。中には一〇〇〇万捧げる人も二人、三人いらっしゃいました。お金は後から来ることですし、当初は教会内で意見が対立が生まれないように気をつけました。

一九八二年に会堂が建って銀行から借りていたお金が五億ぐらいありましたが、一九九八年に鵜飼が牧師を退くときまでには全部返すことができました。

栄子の立ち位置

――銀座教会の教会形成は、鵜飼勇牧師のリーダーシップがあると思いますが、栄子さんの影ながらのお力もあったのではないでしょうか。そのあたりはどのように考えていらっしゃいますか。

鵜飼　色々な集まりで「栄子夫人、栄子夫人」と呼ばれて、「副」という形で用いられていました。でも鵜飼は「組長さんを立てなさい。そして婦人会長さんを立てなさい。それでも、あなたが行くのが大事なら行ったらいい。でも、あなたが先に出たら駄目だよ」「この教会は皆がやっている教会で、あなたが先に出たら駄目になるんだ」と言っていました。その言葉を聞いて、私としては前に出ないように気をつけました。

むしろ、私のリーダーシップはおそらく後ろ側から教会を支えるときの話し合いで発揮されたと思います。それでも目立っていたのか「鵜飼牧師を陥落させるにはまず栄子夫人から」と皆に言われていました。

そう言われても、私は周りの人たちに愛されていればいいと思って、鵜飼に「愛されている存在ならそれでもいい？」と言ったら、「それでもいいよ。今ぐらいのところでちょうどいいと思う」と言ってくれていましたね。

——適度なところにあるということは、案外大変でしょう。

鵜飼　そうですね。目立たなくするのは大変です。教会が何かを決めるときのブレーンを選ぶ中心、婦人会や教会の中での人材発掘はいつも私でした。

——教会には実に色々なタイプの人がいますから、栄子さんが人をよくご覧になる目をお持ちだったということでしょう。

鵜飼　そうですね。教会には様々な方がいらっしゃいますね。

私は、ずっと受付に立っていました。銀座教会は恵まれていて、日曜日の朝の礼拝にも新しい方が必ず入ってきます。そうしたら周りに「新しい方のようよ」と声を掛けて、受付係がすぐに対応します。するとまた別の人が聖書と讃美歌をお渡しして、礼拝堂の中にご案内していきます。

そうやって連携しながら、私はずっと受付を担当していました。初めての方が涙を流しながら階段を上がって来る様子を見て「誰にも言えない胸の内があるんだろうな。聞いてはいけない」と感じることもしばしばでした。そういう方には「ともかくお入りなさい。礼拝堂にお入りなさい」と声をかけました。それで、礼拝が終わってから牧師と話したいかたずねてうなずいたら、牧師につなぐ役をやっていました。四二年間、それで大勢の方を受け止めてきました。

教会員の家族の誰が礼拝に来たという教会員七〇〇人について全て覚えています。それを誰にも言わないで静かに対応してきましたが、受付を担当される主な人には、私のコツを伝えていきました。昨年（二〇一七年）新しく就任された髙橋潤牧師の奥さまが「銀座教会には一〇人に一人くらい栄子夫人のように教会に心を尽くす人がいますね」とおっしゃって下さって。

――確かに、銀座教会の信徒の方は教会によく仕えていらっしゃいます。

鵜飼　そうですね。何かの集会が終わったらできるだけ早く教会から帰りましょうという人は申しわけない人です。教会に主のご用があったらできるだけ何かして帰りましょうという心がけで喜んで奉仕しています。

――栄子さんが受付に立ち続けたことも、喜んでということですね。

鵜飼　大いに喜んで担当していました。そこで大勢の人と仲良くなり、電話でお話する方もあるし、手紙が来る方もありました。そうやって、いつも信徒の方を牧師につなぐ準備をしていました。

神学生・副牧師との関係

鵜飼　牧師と副牧師の関係を私が崩したら大変なことになりますから、副牧師の人たちともよくお話をして、いい関係を保つように心がけました。鵜飼が銀座教会に仕えた間に、副牧師が二〇人ぐらいはいたでしょうか。できるだけ鵜飼とその人自身が直接つながるようにして、私は「お茶を一緒にいかが」という感じの役割でずっと橋渡しをしてきました。ですから、副牧師だった人たちとは未だに仲がよいです。

――副牧師の中でも色々な方がいたでしょう。

鵜飼　そうですね。少し心配になるような方もいましたが、それは私からは口に出して言いません。私としては何の立場も持ってないですし、ただ柔らかく受け止めてあげるようにしていました。そして、こんなことを言っていいのか分かりませんが、神学生には書籍代をずっと渡していました。

――神学生はかなりの人数になりませんか。

鵜飼　大勢いましたね。だから、月の初めに家計費とは別にして、まず教会費を袋に入れて、それから神学生に渡す分を四つくらいの袋に分けてそれぞれ入れていました。そうやって書籍代という形でお渡ししていました。銀座に来て一〇年目ぐらいから始めて、せいぜい三〇〇〇円とか五〇〇〇円ですが、本が一冊は買えるぐらいの金額をお渡ししていました。別に本を買わなくてもそれでラーメンを食べてもいいんです。それでも「あなたを支えているからね」というメッセージとして続けていました。

――受けるより与える喜びでしょうか。

鵜飼　そうですね。鵜飼から「うちは子どもが三人いるし、他にあげるところもいっぱいあるじゃないか。まだやるのか」と言われたこともありました。「それでもいい？」と聞いたら「いいよ」「あなた、献金ばあさんだからね。献金するとき嬉しそうな顔をしているね」と言われていました。

捧げることは、私の気持ちの上で必ずプラスになっていました。書籍代を神学生に差し上げたとき、「ありがとうございます」と言ったその瞳の中に、伝道を一緒に担える喜びを感じました。そういうものを共に分かち合っていくということが大事ではないでしょうか。それがやがて伝道は一人でやっているのではなくて、一緒に担っているという実感にもつながります。

教会のジョーカー

——銀座教会は日本の教会の中では規模が大きい教会です。教会形成のときに、教会のあり方をどこかから学んだことがあるでしょうか。

鵜飼　銀座教会の特徴はメソジストですから、祈りの使徒であり、証しと祈りの時を大切にしました。

他方で、メソジストは神学の勉強が弱いと指摘されることもあります。ですから勉強会をよくやりました。今では、信徒が朝九時半からの信徒講座をしていて、プロテスタントの歴史を語るような信徒が何人もいます。私は本当に神さまの奇跡だと思っています。どの教会でも牧師が「あなたがやって下さい」とお尻叩いても駄目なんですよね。「私がやりたいです」という自発的な人が生まれるようにするのが大事です。

そして鵜飼の体が弱かったということは恵みだったのかもしれません。その弱さが信徒を除外させないのです。あなたは来なくていいとか、あなたと会いたくないとか、そんなことは一度も言ったことがありません。いつでもウェルカム、いつでもいらっしゃい。一緒に祈ろう、という姿勢を徹底していました。

そして、鵜飼の体を補うためには、私が健康であることも欠かせませんね。それから自然なかたちで、伝道に持っていくように知恵を働かすことが私の役目だとずっと思って働いてきました。

――銀座教会の規模は大きいだけに、さまざまな信徒がいて、難しいこともあったのではと思いますが。

鵜飼　難しかったです。偉い先生もいるし、学者もいるし、様々な政党の人もいました。ただそうやって立場が違う人たちそれぞれが主張することが大きな問題ではなくて、教会にはもっと大事なものがあるということです。教会が目指しているものはそれではないんだということを言う人が何人もいましたし、それを見失わないようにしました。

それから、こんなこともありました。鵜飼が着任した頃の銀座教会には、英語を習ったことのない人が何人かいたんです。イェール留学から帰ってきてすぐの時でしたから、説教で鵜飼が、英語でぺらぺらと話してしまいました。留学の直後で、本人は英語の本ばかり読んでいるんですよね。そのようなこともあって、英語で話す方が自分にとって一番ピタッとくる表現に感じられるわけだから英語が出てしまうのでしょう。

ところが礼拝が終わったら、何人かの人たちが顔色を変えて牧師室に来ました。「鵜飼牧師、ここをなんと心得ているんだ。英語を披露する教会ではないんだぞ。俺たちみたいな信徒だっているんだ。それを忘れて、英語でスマートにまとめるなんて一切やめてくれ。鵜飼牧師、講壇で英語禁止！」。

鵜飼が帰宅してからため息をついて苦しそうにしているから、「どうしたの」と聞くと、「信徒から、英語を使ってはいけないと注意されたよ」と言うんです。英語を使うこと、読むことは自分の勉強としてはいいけれど、それから一切口には出さないように心がけていました。むしろ、日本語でもやさしい言葉を選んで語るようにしました。その時「鵜飼先生には思いやりとか優しさを出してくれなくては困るんだ」と抗議したその方たちが、結局は、最後まで鵜飼を助けてくれました。

――銀座教会の教会員は、最初からそういう特徴があったのですか。

鵜飼　当初は知識階級の人たちも大勢いたようなのですが、鵜飼の父の鵜飼猛牧師の時代に麻布に安藤記念教会を作って、教会が枝分かれした時期がありました。そのとき安藤太郎さんはじめ、外務省の方や大学の先生など、非常に知的レベルの高い人たちが銀座教会から安藤記念教会へ大勢移りました。それはそれでいいのですが、銀座教会の方は財政の面では少し困ったこともありました。

それでも、銀座教会は「捧げる」という声が満ちていましたね。婦人の方でもそうです。「捧げる」だけでなく、共感もなさるんです。勇が病気をしながら教区議長をしていたときにも、病状報告をすると、皆、私よりもお泣きになっていました。一生懸命支えて下さったと感じています。

――それは愛される牧師ですね。

鵜飼　そうですね。ただ、その代わり厳しい信徒もいました。ある方の面談時間が長いなと思うと、「僕に忠告いただいたよ。僕は聞かなきゃいけないんだ」と言うから「そんなにいくつもあったの」と聞くと「いくつか……」と言っていました。黙ってそれ以上は何も言いませんでした。

そのように、牧会者として聞くことを本当に徹底していました。だから、鵜飼が亡くなったときに「これから日本ではこんな牧師らしい牧師はなかなか生まれないだろう」と皆に言われました。強く出ないとか、雄弁でないとか、マイナスの面も数多く持っているんです。それにも関わらず、牧会者という点では鵜飼猛から継いだものがあるのでしょう。本当に忍耐強い人でした。

――お父さまの影響がやはり大きかったのでしょうか。

鵜飼　はい。それから聡明な母・啓子の影響もありました。鵜飼は母を大変尊敬しておりました。私が幸せだったのは、心から尊敬している両親を持っている人と結婚したということです。それから、私自身も両親を尊敬できるという思いを持っていたことです。そのままの香りを銀座教会の中で放って「栄子先生、いつもにこにこして幸せそうな顔」とよく言われました。

――でも微笑みの影には、ご苦労もおありだったでしょう。

鵜飼　そうですね。裏には苦労がありました。にこにこしているからいじめてやろうみたいな人もたまにはいますし、誰からも好かれるということはあり得ませんから、色々なことがありました。鵜飼は「人間は半分は賛成していない。顔で笑っていても、お腹では違うんだから、きちんと用心しなさい」とよく言っていました。

鵜飼が銀座教会に就任してから数年間、私は若さゆえの至らなさを年長の婦人たちから指摘されて、ご注意を受けることがしばしばありました。その頃、高杉孝子姉は教会のよきリーダーでいらして、いつも大きい心で私を包んでかばって下さいました。私は高杉姉の胸の中で、何度泣いたことか。母にも姉にもない優しさがあって、辛いことがあるといつもその胸で泣きました。岩村家の末娘で大切にされて育った私は、銀座教会の牧師夫人という大役を、その高杉姉の愛情に支えられて担えたと思います。

鵜飼は人を見て人を深く知る人でした。あなたの苦労より私の苦労の方がもっと大きいとか、人間の間には苦労の競い合いのようなことがあるでしょう。誰かが言い始めると「ああ、また始まったな」と。鵜飼はそういう話をよく聞かされていたと思います。牧会者として守秘義務があるため、教会で誰かに言われたことを私には言えないでしょう。でも何か胸にあふれているものがある、ということがよくありました。

そんなとき、家に帰ってきて私がピアノを弾くと、気が晴れるようでした。だから鵜飼に「ピアノを弾いてくれ」とよく言われていました。私がピアノを弾くと鵜飼は黙って、目を閉じて聞いていました。私が一生懸命弾いていると嬉しいらしいのね。それも色々な方のお話を聞いた後だけに、心の中にあふれていたものが少しずつ休まるんでしょうね。

――そういうお話を伺いますと、ご夫妻への理解が深まります。鵜飼ご夫妻は特別に恵まれた環境の中で伝道していたと諸教会の方々からうらやましく思われる側面がありますが、どの教会にもありがちな労苦の中で、互いをいたわりながら支え合って来られたのですね。

鵜飼　ありがとうございます。私は自分のことは分かりませんが、私から先に教会員に喧嘩を売ったり、教会と対立したりということはありません。色々なことがあったとしても、難しい人だなとか、どうしてああいうふうに言うのか、家庭がどうなっているのか、と私自身の中でその人を想像して、そこで留めています。そして、神さまが全部をご存じだから、私が叫ばなくてもきちんと収まるところに収まるという確信を持っていました。

そのせいか、皆が私に会うと安心するとおっしゃっていました。「栄子夫人が前を向いて大丈夫よ、と言っている」と言われるんです。だから、何も心配しないで、思いがけないことが起こったりしても、悪いことを数え上げないでよいことを数え上げていくという姿勢でやることが大切だと思います。そして自分に悪いところがあったら反省して、前を向いて進むことではないでしょうか。

それから、私自身が銀座教会に長くいるだけに、ついストレートに決定的なことを言い過ぎてしまわないように、気をつけています。教会で何かトラブルが起こったときには私は口に出さないで、肝心な人を一人見つけてその人に言うようにしています。

それでも、教会で困ったときに私が切り札になることはありました。つまり切り札ということは、逆にいつも出ていってはいけませんね。ジョーカーは、あちらこちらに出てしまうとゲームに負けてしまいますよね。だからジョーカーは引っ込んでいた方がいいんだなと、つくづく思います。

——そのジョーカーになるまでには、時間がかかったのではないでしょうか。

鵜飼　そうですね（笑）。ずいぶん前からそういう雰囲気はあったと思います。はっきり言って栄子夫人は実力者だって皆認めているんですよね。

もう一方で、牧師夫人が実力者だということを認めたくない人もいます。しかも牧師が牧師夫人をかわいがっていると余計面白くない、というわけです。そこでは好意とジェラシーが紙一重なんですね。だから、修養会のときにも鵜飼は私に「隣に座るな。離れていなさい」と言うのよ。だから私は一度も隣に座ったことがありません。それからゲームでたまに一緒になることがあって「たまにはご一緒いいわよね」と言っても苦い顔されて、「あれ、嬉しくないんだな」と思いました。

牧師夫人は、癖のない人という感じでしょうか。「いる」とは思うけれども、何にもしていないような感じです。お茶が必要だと思ったら、もうお茶のところに動いているとか、そういう雰囲気が必要です。自然な形で、存在をあまり意識させないようにしています。

――それにしては、栄子さんは十分存在感がある！（笑）。

鵜飼　そうでしょうか。「私、隠れているのよ」と言っても、「どこに隠れているの？」とは言われますが。

一同　（笑）。

第四章　栄子の祈り

全国教会婦人会連合

鵜飼　婦人会連合は昭和四四年（一九六九年）に発足しました。日本基督教団内では婦人専門委員会や青年専門委員会などが続けられてきましたが、あるとき、廃止されることになりました。同じ頃に信徒会も廃止となりましたが、今は再開しています。

婦人も男性と同じく、支区や教区と合同したかたちの活動でいいだろうという意見がありました。それに応答して、林敏子さん（美竹教会信徒）が「婦人は、婦人だけの独特の感性で教会を支えているし、また今後も教会のためになりますから」と、教団議長の鈴木正久先生に談じ込みました。それで婦人は「全国教会婦人会連合」（略「婦人会連合」）という集まりを作りました。そこでは、男が司会して女がお茶を出すという古い日本的な慣習はなくなりました。教団の中では、鈴木正久議長が婦人たちに押し切られたと言われたそうですが、そういう経緯で婦人会連合は始まりました。

私の長男が小学校五年生になったときに、林敏子さんから「栄子さん、小学校の教科書読んできて」と言われて教科書を読んでみたら、「こんなに右翼化が盛んな文章になっていて、これでよいのかな」と疑問を持ちました。これは声を上げなくてはならないということで、「教科書を考える委員会」を発足しました。そして、書ける人は自分が研究したことをまとめて本にしましょうということになり、私は新宿の韓国系の学校まで教科書を見せていただきに伺って取り組みました。一九七〇年に出版した『教科書を考える――母親たちの研究から』はたちまち一万二〇〇〇部が売れて、テレビ、ラジオ、新聞で紹介されました。その委員会は七年間続いて、最後は『PTAを考える』を出版して活動を終えました。

その間に婦人会連合は全国組織となり、沖縄から北海道まで全国の教区の代表が集まって、年に二度の総会を開き、婦人の張り切った人が大勢参加して、世界宣教やアジアの問題を考えました。発足一周年の記念の会をして、それが一〇周年、二〇周年、三〇周年、四〇周年となり、二〇一九年には五〇周年を迎えます。私は二〇周年記念行事のときに準備委員をしました。その頃、鵜飼が神学生に「どうして家内はあんなに婦人会連合に夢中なんだろう」と漏らしていたようです。少し寂しかったようですね。

――その頃の日本の教会では、女性が自分で考える機会が与えられにくい状況がありました。女性は黙って台所で働くという古い考え方がまだあったのでしょう。その中で、自分で物事を考えて、調べて研究し、事柄を判断していくトレーニングを、婦人会連合が果たしたのではないでしょうか。

婦人会連合の働きについては、色々な意見があります。特に現代は働く女性が増えて、男女が同等に働くことが求められるようになりましたから、従来の婦人会連合の活動に参加しにくい女性信徒がいるのは事実です。

でも伝道牧会をしていている中で、婦人会連合はよく聖書を読んで、教会の女性たちを育んできたということが分かります。その恩恵で、今日本の教会に、数多くの忠実で優れた女性信徒がいます。それで日本の教会が維持できている面がありますね。

鵜飼　そうだと思います。近藤勝彦先生（東京神学大学名誉教授）が地方の教会から講演を頼まれて、そこで婦人がよく聖書を読んで教会を立ち上げているというのをご覧になって「婦人会連合はよい形成をやっているね」と言って下さったことがありました。

――そうですね。歴史的に婦人会連合を軽く考えてはいけないと思っています。日本で伝道牧会をしていると、そこで出会う年長の女性たちのほとんどが婦人会連合で育てられた方々ということもあり、とても感謝しています。

鵜飼　そうでしょう。聖書の光の中で生きる以外に、何か違ったものを頼っているのは大間違いです。しっかり生きるということ、苦しみや悲しみがあっても、それを受け止める信仰の幅が備わっていくような聖書研究をしなくてはいけないと思っています。私は聖書研究が大好きです。

昔から父が「栄子はそういう勉強をするの好きなんだね。そういう場が向いている」と言っていたことが実現したと思っています。

――それも一人で勉強するのではなくて、周りの人たちと一緒になって勉強するのが好きですね。

鵜飼　そうですね。いつも仲間がいます。

――栄子さんのそういうところは、組合教会の活気ある雰囲気からでしょうか。そういう信徒の意欲を、幼いときから身に着けていらしたのかなと思います。

牧師夫人の涙

鵜飼　婦人会連合の一つの働きとして、牧師夫人会があります。母に「今度、牧師夫人会が始まって、私は委員長をすることになったの」と報告すると、「大事な会だから、しっかりやりなさい」と言われました。

私は、全国の牧師夫人会の委員長を一〇年間務めました。北海道から沖縄まで多くの意見をうかがうと、牧師夫人がどんなに教会で遇されているか、いかに涙が多いかがよく分かりました。

この例は、六〇年ぐらい前のことですので、今になってみると驚かれるようなことですが、当時、牧師館にお手洗いがない教会がありました。ある牧師一家が、その牧師館にお手洗いがない教会に赴任して、夫人は夕方からの食事ではお吸い物や水は飲ませないようにしていたそうです。夜、夕拝がある前に教会堂にあるお手洗いに子どもたち全員を急いで行かせて、牧師館に戻って寝かせるということでした。その夫人がそれをお話になったときにお泣きになりました。東京では考えられないような、地方の教会の悩み、苦しみを驚きをもって聞きました。そして、改善できるように考え、今ではそういう悩みの声は随分少なくなりました。

すると牧師夫人会はもうやらなくてもよいのではないかという意見が男性の牧師たちから出るんです。その会で隣の教会の悪口を聞いてきたり、他の牧師夫人の知恵を聞いてきて、うちの教会を悪くすると言われて、何度も叩かれました。牧師夫人としては一番理解してほしい男性の牧師が、「牧師夫人会なんて出ないで、家で料理作って洗濯していればそれでよい」と平然とおっしゃるんです。

だからこそ牧師夫人会が必要だったんです。皆が集まって、讃美歌を歌い出すと、あちらこちらでハンカチが出て、歌えないぐらいにお泣きになる方があちこちにおられました。「ここに来れて良かった」と思って泣いているんです。日本の教会で牧師夫人は非常に虐げられていて、ずっと涙がありました。私は「この涙をぬぐってあげなくてはいけない。しっかりこの活動を続けていかなくてはならない」と何度も痛感しましたし、「この涙は一日も早く終わらないと日本の伝道のためにならない」とも思いました。

そうやって取り組んでいるうちに、全国婦人会連合の常任委員を一二年間担当し、婦人会連合で鵜飼栄子を知らない人がいないくらいになりました。

そして最終的に委員長に選ばれるかというときに鵜飼に相談しました。そしたら、「一教会の牧師夫人が、婦人の全国の会の委員長をやってはいけない」「それは、主の御栄えをあらわさない。やめなさい」と言われてしまいました。そこで、常任委員の方々に、「申し訳ないですが、教会での立場を大切にしたいので、婦人会連合は、引かせていただきたい」と言ったら、皆が分かってくれました。

それでも、婦人会連合では組織というものを勉強することができて、とてもよい経験でした。

――委員長になってみたいという気持ちはなかったのですか。

鵜飼　全体の委員長は難しいと思います。頭のよい女性たちが議論するんです。私はそのとき黙っていますよ。

――でも、取りまとめ役としては栄子さんが最適だったように感じます。

鵜飼　そうかもしれません。取りまとめばかりやっていましたね（笑）。

日本の教会の課題

――日本のクリスチャンには、自分の信仰をとても大事にして、聖書と私の関係だけを重視して、自分の世界を作っているタイプがいます。そのタイプの信仰と教会を作る信仰とは質が違うように思います。栄子さんは、その信仰のタイプをどうお考えでしょうか。

鵜飼　鵜飼はそのことをよく言っていました。自分の信仰だけを大事にして、自分の信仰さえよければよいという姿勢でいては、初めの一歩ではあるけれど次の二歩目になっていかない、踏み込んでいくクリスチャンにはならないんだ、他人のようなクリスチャンになってはいけない、と繰り返し言っていました。そうではなくて教会はこうやっていったらよいのではないか、教会には何が必要で、そのときに私は何ができるのか、教会のために考える人を鵜飼も私も作りたかったんです。お客さまは駄目ということです。劇場のよいところに座って見ているような教会員がいたらそれは駄目だと言ってました。

鵜飼の説教集を読んでいただいたら分かるかと思います。聖書は自分の信仰の成長だけを目指すことは言っておらず、「一人一人が自分の役を拾って教会の中に入りなさい」ということを繰り返し言ってます。教会員がそのことに自ら気がつくように語り、教会形成をしていました。

——日本の教会はそういう課題を持っていますね。

鵜飼 そうですね。いざとなったら我が身を省みず、教会を支えようという姿勢を持っている人は、私が考える「牧師夫人タイプ」です。今そういう言い方が適切か分かりませんが。教会や牧師のことが嬉しくて、という人です。そういう人が教会で生まれてくるのは大切なことで、大変頼もしいです。すると「栄子夫人、もう出なくても大丈夫」と言われちゃいますけれども(笑)。

——そういう方が多勢、どうやって銀座教会で育ったかが知りたいですね。

鵜飼 さっきおっしゃったように、自分の範囲の中で生きていることがどんなに小さいことであり、つまらないことであるかを知ることです。主イエス・キリストの体に仕える自分が本当にふさわしいか、徹底的に苦しんで、悔い改めて、十字架を仰ぐ。それを繰り返していくことで大事な力になるのではないかなと私は見ています。銀座教会には、そういう人が何人もいます。

逆に、誰かがこう言って嫌なことをされたとか、そんな些細なことを言わないでほしいと思います。そういう細かなことをうるさく言う人がいますと、その周囲で悩んでしまう人がいます。そういった人から相談を受けたときには、「分かった。でも気にしないのよ。あなたばかりではないのよ、誰にでもああ言っている方だから。そのうち直るから大丈夫」と伝えています。できるだけ小さいところでこだわらないように「大きくなれ、大きくなれ」と勧めています。

――人間は自分を神にしてしまいがちです。教会の中でも常にその誘惑があって、自分の奉仕がどう評価されるとか、それにケチをつけられるということがあるでしょう。だから、いつも主の御前に悔い改めて主に仕えていく姿勢が作り直されないと、教会ではそれが露わになってしまいます。

鵜飼　一層露わですよね。罪の塊のようなところがあると思います。洗礼を受けて、罪は私にはもう関係ないんだというような気持ちでいるけれども、本人も気づかないうちに、実に罪深いことをやっていることがあります。自分が罪人だということを忘れてしまうのでしょう。

――他の人が罪人だとは分かるけど、自分のことは分からないということですね。

鵜飼　そうですね。お互いに罪人だと言いながら「私は違う」と言いたい気持ちです。そうやって、自分自身が高くなってしまっては駄目なんです。

「我こそは罪人の頭なり」という原点に立ち戻れなくなる牧師もまれにいますし、どこが本音なんだろうかと思うこともあります。大切なのは、「私は罪人の頭なり」「真に赦されなければならない人間は私なんだ」と言い続けられる、新鮮な信仰だと思います。

父の涙

鵜飼　父の伝道は戦前の伝道ですから、困難でした。求道者が現れてもなかなか信仰につながりません。その上開拓地でしたから、出席者もあまり伸びなかったようです。それでも母のところに相談に来る方があると、母はそれを大変上手にカウンセリングをしていました。

父は父で熱心に取り組んでいました。私は一八歳から礼拝のオルガンを弾いていましたので、父が立つ講壇が近くてよく見えました。父が十字架を語るとき、「私みたいな、本当に罪の多い人間を贖って赦して下さった方は誰だ……」と言って、つうっと涙を流したんです。父の涙を見て、私は末っ子の娘ですからとても驚いてじっと見たら、急いで拭いていました。それで私は「ああ、本気なんだな」と感じて、キリストの血の涙がその大本になっていると思ったんです。

客観的に見て、父は性格的に激しいところや癖を沢山持っている人だったんですが、信仰の純粋さに、私は心底賛同しています。言葉ではないんですよね。そうやって子どもは大人が言っていることの大本のことを見抜きますでしょう。だから、父が十字架に従って教会を作るために一生を捧げたかったのだけは、私の中に受け継がれたと思っています。

一

みやこの外なる　丘の上に、
主を曳行きしは　なにのわざぞ。
神よりはなれし　神の子らの
幾重と知られぬ　つみのきずな。

二

十字架の上にて　かぎりもなく
主をくるしめしは　なにのわざぞ
み旨にそむきし　かみの子らの
数えもえがたき　つみのやいば。

三

主のうけ給いし　みくるしみの
深さをいかでか　はかりうべき。
ただそは我らの　つみをゆるし、
汚れをきよむる　ためとぞ知る。

四

ほろびの道より　主はわれらを
かえして御国へ　導きたもう。
我らも主イエスを　愛しまつり、
み業にいそしみ、み旨にそわん。

（『讃美歌』一九五四年版、二六一番「みやこのそとなる」）

父は、この讃美歌を歌いながら講壇で涙を流していました。そこに新鮮さを感じました。牧師は勉強してさまざまなことが身に付いてくればくるほど、「上から目線」になってはいけません。どんなに勉強したって、それは小さなことであり、足りないものであるという姿勢が原点ですね。

夫の涙

――ところで、牧会の上で、鵜飼牧師と栄子夫人で意見が対立することはなかったでしょうか。

鵜飼　ありました。ただ夫を批判することは簡単ですが、鵜飼が本気で考えていることを私は簡単に「違う」と言いたくないと思っていました。主に召された牧師の妻という立場ですし、対立したときには私の方が引きます。鵜飼の説教も良い悪いはあるけれど、批判しません。

牧師夫人が集まるときに私が必ず言うのは、ご自分のご主人をまず尊敬して、たとえ尊敬できなくても尊敬して（笑）、「あの説教は、あれが駄目だった」という批判を言わないことが大切だということです。銀座教会の牧会では、長年、副牧師や伝道師との関わりがありました。彼らに対しても私から説教の批判をしたことがありません。私がしてはいけない。なぜなら、それは鵜飼がしたことにもなると思って、それを堅く守りました。

あるとき、説教の前日に、一回だけ大げんかしたことがありました。そうしたら翌日の礼拝が終わったら、婦人伝道師の方から「栄子さん、昨日鵜飼先生とけんかしたのではないですか」とたずねられ、「ええ、しました」とお答えしたら、「牧師の説教に出ていますよ。破れている説教をしていた」と言われました。私は頭がけんかのことでいっぱいだったから全然気づいていませんでしたが、その方から「あなたは大事なお役を駄目ですね」と、さんざん怒られました。

教区事件でも、鵜飼は苦しい会議が終わると途端にどなたかに電話して、三〇分くらい電話口で泣いていました。自分の立った立場の難しさをその方に訴えていたんだと思います。「私、向こうにいるから」とだけ伝えて、私からはその電話の内容を詳しく尋ねていません。その電話の後で「あの先生だったの」「うん、そうだ」というやりとりだけしました。牧師の鵜飼が泣けるような思いで話せる方がいて、とてもありがたかったです。

——確かに牧師は自分のための牧師を必要とするということを聞いたことがありますね。

鵜飼　そうですね。ただ、それは隙を見せるということでもあるから、嫌でしょう。牧師は皆、そんなサポートも必要なくやっていけるんだと思いたいでしょう。自分は自分をよく分かっていると言いたいし、弱みを見せたくないという誘惑が常にあると思います。でも、それが失敗のもとです。牧師は、今日教会に入ってきた人と同じように聖書に感動し、聖書に教えられて語るということがないと、やはり信徒はついてこなくなると思います。

鵜飼勇「主イエスとの出会い」

私のまだ幼い頃の出来事である。牧師であった父は、毎週金曜日の朝は食事をしないことになっていた。「金曜日の断食」これは父が信仰生活六十余年に一貫して選びとった厳しい道の一つであった。

ある金曜日の朝早く、私は何のためだか覚えていないが、鎌倉教会の牧師館の薄暗い応接間の扉を開けて思わずそこに立ちすくんでしまった。そして大急ぎでソッと扉を閉めて茶の間に走って行った。私は見てはならないものを見てしまったと思って、誰にも話すことができないで、そのままその時のことを胸に秘めておいた。

その出来事というのは、薄暗い部屋の真中にある椅子の前に跪いて祈っている父の姿を見たということなのである。天を仰いで、手を合わせ、人に語るように神に語りかけている祈りの姿！　眼は半分閉じているが、白眼がくっきりと見えている。

この光景は幼い私の心にくっきりと焼きつけられてしまった。

丁度、ゲッセマネの園に「父よ、みこころならば……私の思いではなく……みこころがなるようにして下さい」と、血のしたたりのような汗を流してお祈りになった主イエスのみ姿を思い出させる厳粛な一瞬であった。金曜日毎に父が断食しているることが、この祈りに連なっているということは、だいぶ後になって理解できるようになった。

私が牧師、伝道者として召されて立ち上がった背後に、この父の祈りがあり、この厳粛な一瞬が、私のすべての生活を支配していると云っても過言ではない。あのことがあってから二十数年後、戦争から復員した私は病をえて暫く家に静養し、引退して悠々自適する父と鎌倉の仮寓に共々生活する機会を得た。その間、兄たちの奨めで父の自伝の口述を筆記することになった時、主が松江の一武士の息子を選び出し、伝道者としてお立てになり、五十余年の牧会を今日まで導いて下さったその歴史をまざまざと示され、妙なる摂理とその主を信じぬいた父の信仰と祈りによって、私の存在は根底から揺がされたのである。密室にただ一人、主の臨在を信じて祈り続けた祈りと、その祈りを聞き給う主！　そしてその祈りに支えられて今ここに生かされている私！

病中、私は祈りの時に、主の臨在と、祈りの応答の信仰を養われた。あの出来事の意味するものを聖言に学びながら味わっている間に、実に不徹底な、生ぬるい信仰生活をしてきたことを鋭く示され、深く恥じ、懺悔の祈りに導かれた。かくして、全く新しい世界が開かれて来たのである。私は健康を恢復すると共に、これまで勤めていた三菱信託銀行を辞して神学校に入学することになった。

見てはならないものを見たというある出来事（聖なるものをかいまみた）は徹底した祈りの力となって成長した私の魂をとらえ、私をその宣教に遣すまでに大きな働きをした。

私は父の祈りの姿として刻みつけられた出来事を媒介として、主に出会い、また、祈りによって主と結ばれていると信じている。祈らないことは恐ろしい、祈れないことは更に恐ろしい、まして祈りを麻痺させるこの世につける思いは、真に人を腐敗させる。主の臨在を信じて、真に祈ることに徹底していくことが現在の私の課題である。

（鵜飼猛『回顧七十年――伝道牧会の光と歓喜』のあとがきにかえて、鵜飼勇「主イエスとの出会い」「銀座の鐘」一九六四年、六〇―六二頁）

生涯を教会と共に

――太平洋戦争中の言葉に「七生報国」（七回生まれ変わっても国のために戦いたいという意味）というものがありました。鵜飼栄子さんはその言葉ではありませんが、七回生まれ変わっても牧師夫人として教会に仕えるという、そういう覚悟を持った人ではないでしょうか。鵜飼栄子さんには「教会と共に歩んだ九〇年」という言葉がぴったりだと思います。

お話を伺う中で、特にお父さまから家訓として「牧師夫人になるように」と繰り返し言われていたことが印象的でした。しかもお父さまの言いつけや教えを守って、それも嫌々ではなくて、栄子さんとしても喜んでそうなさった。栄子さんにとって、教会が光って見えていたのではないかなと思いますが、いかがでしょうか。

鵜飼　そうですね。私にとって教会は輝いて見えました。小学校の六年ぐらいのとき、本を数多く読んでいました。岩波の文庫本からヘルマン・ヘッセやジードなど多様な作家の作品を読んでいる中に、アッシジの聖フランチェスコの言葉が印象的でした。何が世界で一番大事かというときに、神に従っていく生活が一番大事だと繰り返し書かれていました。

私は、魂が捕まえられたように感動して、読み終わった後に父のところに行って「私、できたら修道院に行きたい。尼さんになって主に仕える生活をしたい。それが一番よいと思う」と申し出ていました。そしたら、父が驚いて「教会に尽くすように教育してきたけれど、そこまでいくとは思わなかった」「それはよいことかもしれないけれど、少し待って、今すぐ結論は出さなくてもよいだろう」とひとまず押さえられたんです。

それでも私はあのときに自分の中が整えられた気がします。父たちから教えられていたこともあるけれど、私自身が神さまに従っていく生活をしなかったら嘘だと実感した出来事でした。それがずっと私の中で通奏低音になっています。教会のことが主な関心になって、教会で素晴らしい話が聞けるとなれば飛んでいって聞きたい、どこの教会であろうとなんだろうと出かけていくという土俵を自分の中に持ち続けてきました。

教会が何しろ大事で、教会が輝く、教会を輝かす、そして自分自身も信仰によって輝いて生きるということが大きなテーマで、今でもそうです。幼いときに受けたこのテーマが、私を変えないいんだと思っています。

恵みのみことばに生かされて

「ガリラヤの風かおる丘で
　ひとびとに話された　恵みのみことばを
　　わたしにも聞かせて下さい」。

昨年の三月、夫が四二年の銀座教会牧師を引退し、四月から名誉牧師として二人で新たな思いで教会に出席しております。六月には私が古希を迎え、九月の敬老会では杖を頂き「杖友」のメンバーになりました。

神に導かれ大勢の先輩、教友に支えられて、今日を迎えることが出来、心より感謝しております。鎌倉教会伝道師時代が四年（夫二年留学）あり、併せて四六年の牧会となります。人生の大半を二つの教会に仕え、全力投球した夫と共に、私も感慨無量のものがございます。「主はわが足の灯」のみことばに支えられ教会に仕え歩んで参りました。

私の最も大きな信仰の原点は礼拝にあります。自らの歩みを問われ、説教によるみことばの迫りがもう一度自分を作り直して、神の家族の一員として歩み出す勇気を与えてくれるからです。殊に讃美歌を歌う時、人生の喜びや悲しみに胸うたれている自分や多くの教友のことが共有され、時には涙が溢れて止まりません。純粋に神の前に立つこの喜びは他の何物にも代えられない信仰者の恵みでしょう。

都心の教会、一〇九年の歴史をもつ教会、伝道のために沢山の計画が生まれ、これを支える大勢の信徒がおられます。クランメル房子姉の送別の言葉のように、私共も万華鏡の一片となり、時に応じて形を変えて教会の中で一つとなって伝道に励みたいと切に願います。

旧会堂時代は礼拝出席も平均二百人前後でした。日曜日には互いに交わりを深め、声をかけ合って過ごして参りました。新会堂になって一六年、会員同志の交わりが疎遠にならないか、その為に色々と工夫されています。就任と同時に受付けに立って教会員一人一人を憶えるように指導されました。「主はその名を呼び給う」礼拝に導かれる一人一人の為に、そのお名前を覚え、交わりに加えられるように細かく心を砕きました。最近は玄関に立ちませんが同じ思いでお一人一人を覚えております。

（「恵みの言葉に生かされて」銀座教会「杖友《じょうゆう》」二八九号、一九九九年七月より抜粋）

次世代のこと

――教会形成では、信仰の継承がどこの教会でも一番の悩みです。

鵜飼　そうですね。前にもお話したように銀座教会ではベビールームを設けたことで、ベビールームで育った第一世代が今度はその人自身がお母さんになって、またベビールームに関わって、そうやってつながっていき、三代目ぐらいの人が何人も生まれています。私の長男の妻も、一五年間ベビールームで奉仕しています。そしてそれが特別なことではなく、当たり前のこととして定着しました。

私の家で長女は既に亡くなりましたが、次女はキリスト教学校の教師として働きながら、教会学校の奉仕も張り切って担当しています。日曜日の朝の八時には教会に行って、祈りを合わせて、九時から教会学校をやっています。そして、長男のところの息子（孫）も、キリスト教学校の教師をしていて教会学校でも張り切って教えています。それから、長男も次女も銀座教会の役員として奉仕しました。今では孫まで役員として奉仕しています。私たちは、神さまの御栄えを現すために何をしたらよいか分からないけれど、神さまの方がこうやって、人を次々と造って下さるんだと思います。

教会の中で「あんなに祈っていた方の息子さんが、こんなに熱心になって」ということは多々あります。ある方が「先生、息子を訪問して下さい」と言うから、鵜飼と遠いご自宅まで訪問しました。そうすると定年退職して家にいるはずの息子さんが、私たちが訪問すると、パッといいなくなってどこかに行ってしまう。するとそのおばあさまは、「うちの息子、先生来て下さるのにお祈りに一緒に加わらなくて、駄目ね」と言って困っていました。

ところがその逃げていた息子さんが、今では教会に行くために日曜日の朝七時にお家を出て、教会の礼拝委員長を担当しているほどです。そのことを聞いて、私も涙しました。そういう奇跡が身近に沢山あります。母親が信仰を持って祈っていたことが叶えられたということですね。

——それは親が亡くなってからですか。

鵜飼　そうですね。親が亡くなってから、その子どもたちに変化が起こる、ということがあるんです。今も若い人たちが来ないと嘆く声があがると、「いいの、いいの。私たちが死んだら皆来るのよ」と言っています（笑）。「栄子夫人はもうお孫さんまで教会に出ているからいいわね」と言われることもありますが、私の力ではないですし、私は何もしていません。

神さまがなさると思っています。

――日本の教会は信仰の継承がとても難しいと言う声がありますが、いかがでしょうか。

鵜飼　私も心して信仰の継承の問題を考えています。家では孫が六代目だから、皆さんのご家庭でもそのように継承していただきたいと思って、一生懸命になって伝えています。

この間も銀座教会で、五代目の方が洗礼を受けました。その方は関西の大学を卒業されて、お勤めで東京に戻ってきたんです。それで教会に来たから、私が「あら、よく帰ってきたわね」と声を掛けると「栄子夫人、ただいま」と言ってくれたんです。そのことが、私はとても嬉しくて、やはり神さまがなさったことだと思いました。そしたら他の人も「私も教会に来ると、『ただいま』と感じます」と言って下さって、嬉しく思いました。

わが家のこと

今わたしの家では、初代クリスチャンから数えて、五代目の子どもたちが育っている。教会と牧師館が密着していることから起こるさまざまの問題を彼らなりに受けとめてくれるように！　かつて幼かったわたしが、自分の母を取り戻して、ささやかな幸せを味わったように、母と子の豊かな会話をとりかわし、満たされた心で成長してくれるように！「先ず教会を、そして牧師を支える」。何代も続いたわが家のこの家訓を素直に受けとめてくれるように！　細心の注意と思慮深さをもちたいと思う。昼は雲の柱、夜は火の柱となってイスラエル民族を導かれた主の御手が、今日もわが家の中心にあるように、騒音と公害に悩まされ、都会の孤独にあえぐ人々に慰めと力を与える教会を形成するためにわが家を献げたい。

テモテの信仰は、祖母ロイスと母ユニケに宿ったものである。（テモテ二、一章五節）と使徒パウロが確信しているように、何代にもわたった信仰の遺産を、子どもたちが自覚的に受けとめるように、新しいぶどう酒は、新しい皮袋に満ち溢れて、二一世紀への神の御計画に参与しうるものとして、彼らが造りかえられ、信仰の告白をして欲しいものと切に祈っている。

（「クリスチャンホーム四代記」より抜粋［一九六九年］）

いつも希望を持って

鵜飼　一人の信徒として、今の日本ではっきりと一番言いたいのは、「駄目だ」という言葉はやめていただきたいということです。残念ながら人間は気が弱くなると、もう駄目、これも駄目とすぐに言ってしまいますね。日本の教会の中でも同じです。自分がその場に置かれているのだから、そこから考え直してやってみようという、そういう前向きな意欲を神さまは祝福して下さると思います。

――そうですね。大変若々しい考え方です。

鵜飼　希望に生きるということではないでしょうか。どこの教会にも、核になる人が五人、一〇人いれば、よい影響を与え合うことができるし、そうすれば教会の中でそういった核になる人がまた次に生まれてきます。最近の銀座教会でも「あれ、私が話しているのかな」と思うような言葉を、誰かが私に代わって言っていることを聞きます（笑）。私がこれまで一生懸命に言ってきたことを、いつのまにか若い人が吸収して、自分の言葉にして語っているんです。

――それは素晴らしいですね。

鵜飼　まず「駄目」という言葉をやめることです。やめたら日本の教会だってきっと、立ち直れます。いろんな悪いことがありますが、それが何なんでしょうか。情けない現実があると思います。けれどもそれをあげつらったって、何もいいことはありません。情けない現実をありのままに受け止めることで、そこから進むことができます。

　私自身のことを省みても、長女がドイツで亡くなるという情けない現実を持っているし、鵜飼がなかなか治らない病気と闘っていたという現実も持っていて、「もう神さま、これ以上いただかなくて結構です」と壁を作りたくなるようなことが幾度もありました。それでも、それが何なのよ、と思います。

　神を信じていれば、それで終わりではないということを伝えたいと思います。

――だから、いつもこうやってにこにこしているんですね（笑）。

鵜飼栄子の年譜

一九二八	六・三	大森めぐみ教会牧師岩村清四郎、安子の次女として出生
	一二	幼児洗礼
一九四一	四	めぐみ女学園入学
一九四三	一二	信仰告白
一九四四	三	普連土女学校へ転校
一九四五	三	普連土女学校卒業
	六	青山学院女子専門部入学
一九四八	三	青山学院女子専門学校卒業
	四	キリスト教保育連盟幹事就職
一九五二	三	キリスト教保育連盟幹事退職
	一〇・二七	日本基督教団鎌倉教会伝道師・鵜飼勇と結婚
一九五三	七	夫　米国イェール大学神学部へ留学
一九五四	四・一五	長女・恵子　誕生
一九五五	六・一二	夫　米国イェール大学神学部卒業、欧州を巡って一一月帰国
一九五六	四・一八	夫　日本基督教団銀座教会の招聘を受け、鎌倉教会辞任
	四・二二	夫　日本基督教団銀座教会担任教師（伝道師）就任
	六・二四	同教会第一二代主任担任教師三井勇牧師　召天

一九五七　七・二九　夫　同教会第一三代主任担任教師（牧師）就任
一九五九　五・一〇　長男・眞　誕生
一九六〇　八・一三　次女・道子　誕生
一九六〇―一九六七　全国教会婦人会連合「教科書問題研究委員会」委員長に就任
一九六九　六　夫と共に、出身伝道者問安（神戸・松山・高知）
一〇・七　夫　東京教区総会議長の辞意を表明
一九七二　一〇　夫　放射線潰瘍手術のため国立がんセンターに入院、星野温泉で休養
一九七四　会堂建設について教会全体協議会・役員研修会
一九七五　一　夫　肝炎治療のため国立熱海病院入院、加療
一九七六　六　全国教会婦人会連合中央委員となる
九―一〇　米国オハイオ州諸教会を巡回訪問（数人の教職と共に夫婦で参加）
一九七七　三　長女・恵子　国立音楽大学卒業、西独フランクフルト音楽大学へ留学
一九七八　夫に同伴して、米国の教会堂視察訪問
一九七九　五・二―三　全国教会婦人会連合一〇周年記念行事
六　全国教会婦人会連合常任委員となる
八　長女・恵子　ギド・ヴォルダリングと結婚
一九八〇　一一　大韓監理教会監督夫人の招きで韓国教会を訪問
一九八二　一　全国教会婦人会連合「牧師夫人研究委員会」委員長に就任
三　長男・眞　青山学院大学大学院修了
次女・道子　青山学院大学卒業
七　台湾長老教会牧師夫人大会に講師として奉仕

一九八三　七　初孫・陽子カタリーナ　誕生
一九八四　八　聖地旅行（教会員と共に夫婦で参加）
一九八五　一一　長男・眞、藤倉聖子と結婚
一九八六　一〇　孫・健太郎マルクス　誕生
一九八七　三　夫、牧会三〇年感謝会
　六・七　夫と共に、ドイツ・北欧の旅
一九八八　一　孫・佑　誕生
一九八九　五・三〜四　全国教会婦人会連合二〇周年記念行事
一九九〇　七　日本基督教団銀座教会創立百周年　記念礼拝
一九九二　五　長女・恵子　急逝、アルテンシュタット聖ニコライ教会で葬儀
一九九三　一二　孫・大　誕生
一九九四　五　夫　シンプソン大学より名誉神学博士号を受け、授与式に夫婦で出席
一九九五　七　婦人献身者ホーム「にじのいえ」第一四期運営委員
一九九八　三　夫　日本基督教団銀座教会辞任、名誉牧師に就任
二〇〇六　五・一九　夫　秦野のホスピスで頸部動脈瘤癌のため召天、銀座教会で葬儀
二〇一三　一　更新伝道会副会長に就任
二〇一六　五　夫　召天一〇周年記念礼拝、一言集発行
二〇一七　一　更新伝道会顧問に就任

鵜飼家・岩村家の系図

✝牧師
◎同一人物

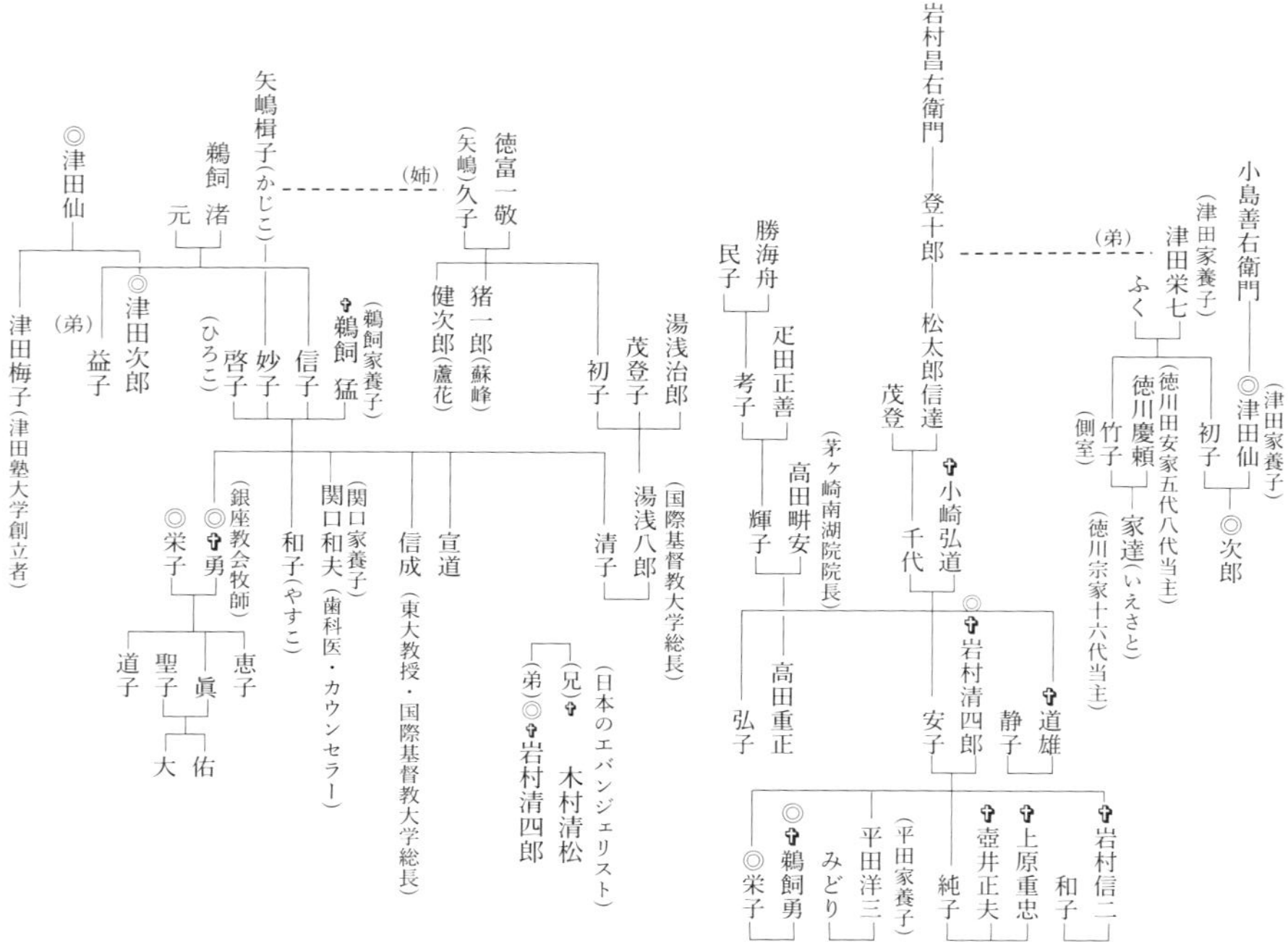

◎同一人物で妻・夫・兄弟・姉妹。当時の結婚が基督者の紹介で多く行われていたと思われる。
この系図の人々の殆どが教会に属し熱心であったと思われる。
熊本の徳富家　上州の湯浅家　東京の津田家

あとがき

　この本は、私どもが鵜飼栄子さんに提案して実現したものです。栄子さんが二〇一八年六月に九〇歳を迎えられることを知り、この機会に栄子さんの信仰生活、教会生活を記して下さるようにお願いしました。栄子さんのこれまで九〇年に及ぶ生涯は、牧師の娘として、牧師の妻として、いつもキリスト教信仰と教会に結びついていました。そのご経験を若い方々のために、語り伝え、これからのプロテスタント教会の伝道、日本の教会の健やかな発展を後押しして頂きたいと考えたからです。

　実は、栄子さんと私どもとの関係は、決して長いものではありません。順一が国際基督教大学在学中の学長は鵜飼信成先生でした。その鵜飼学長の弟さんが、銀座教会牧師の鵜飼勇先生だと耳にしたことはあったかも知れませんが、栄子さんのことは知る由もありませんでした。近年、順一が青山学院院長に就任し、さまざまな折に栄子夫人をお見かけすることになり、特に青山学院一五〇年史編纂のために、戦中戦後の青山学院女子専門部についてインタビューする機会を得て、親しくお話しすることができました。

裕美の方は、日本基督教団のメソジスト関係教会の集まりである更新伝道会の交わりの中で、栄子さんを知るようになり、長年にわたる教会への関わりを通して経験したこと、感じたこと、学んだことなどを折にふれて伺うようになりました。

そのうちに私ども二人の間で、どちらからともなく栄子さんに、信仰の生涯をまとめていただきたいとの願いが生まれてきました。この企画を教文館社長渡部満氏にご相談したところ快諾をいただき、実現の運びとなりました。インタビューと編集に関しては、出版部の髙木誠一、福永花菜両氏にご尽力いただきました。途中、インタビューを起こした原稿を編集する作業は裕美が担い、その際に栄子さんの手書き原稿をパソコン入力する作業を荻窪清水教会の佐藤朝子姉に手伝っていただきました。記して御礼申し上げます。

個人的なことになりますが、順一は母の信仰に養われました。母は米沢の没落士族の出身で、尋常小学校を卒業した後、働きづめの生涯でした。しかし、彼女にはいつも教会がありました。結婚後は、山形県の上山教会という小さな教会に属しつつ、婦人会で活動し、全国教会婦人会連合の機関紙『教会婦人』を愛読していました。ですから、当時その中枢で活動されていた栄子さんとの関わりもあったわけです。

日本の教会は女性の多い教会であり、地道な女性の奉仕で支えられてきました。その女性たちには、さまざまな「教会の物語」がありました。教会での汗と涙、喜びと悲しみ、祈りの物語です。栄子さんについて、武田清子先生は「あなたにはクリスチャニティを感じる」と親しみを表わされたとか。私どもにとっては「教会の物語にあふれた方」という印象でした。この本で栄子さんの「教会の物語」を味わっていただき、皆さまそれぞれの「教会の物語」と合わせて、日本の教会に神を賛美する力強い歌が生まれることを切に祈りたいと存じます。

二〇一八年一月二八日記す

梅津順一（青山学院第一四代院長）
梅津裕美（日本基督教団荻窪清水教会牧師）

《著者紹介》

鵜飼栄子（うかい・えいこ）

1928年東京生まれ。青山学院女子専門学校卒業。キリスト教保育連盟の幹事を経て、1952年鵜飼勇と結婚。牧師夫人として、日本基督教団鎌倉教会、銀座教会での夫の伝道を支えるほか、全国教会婦人会連合、更新伝道会でも活動。銀座教会会員。

微笑みをつないで——教会と共に90年

2018年 5月30日　初版発行
2018年12月10日　2版発行

著　者　鵜飼栄子
発行者　渡部　満
発行所　株式会社　教文館
〒104-0061 東京都中央区銀座4-5-1 電話 03(3561)5549 FAX 03(5250)5107
URL　http://www.kyobunkwan.co.jp/publishing/
印刷所　モリモト印刷株式会社

配給元　日キ販　〒162-0814　東京都新宿区新小川町9-1
電話 03(3260)5670　FAX 03(3260)5637

ISBN 978-4-7642-9976-4　Printed in Japan